맛있게 먹기만 하면 끝~

# 쉽게 배우는 C 언어

한올출판사

# 머리말

우리의 일상생활에서는 컴퓨터의 사용이 보편화 되어가고 있어 컴퓨터 언어의 이해가 요구된다. 이에 C-언어는 다른 프로그래밍 언어에 비하여 실행속도가 빠르고 이식성이 뛰어나기 때문에 전 세계의 상당수 프로그래머들이 C-언어를 사용하고 있다. C-언어는 시스템 소프트웨어와 응용 소프트웨어 및 게임 등의 프로그램 개발에 신뢰성이 높고, 프로그래밍 규칙이 간소하여 사용하기 편리한 것으로 입증되어 있다.

이 책은 C-언어를 처음 공부하고자 하는 사람들에게 문법적 사항과 그와 관련된 예제를 통하여 프로그래밍 언어에 좀더 쉽게 접근하는 방법을 제시하고자 집필하였다.

본서의 구성은 모두 13장과 부록으로 구성되어 있고, 제1장에서는 C-언어의 기본 구조, 제2장에서는 상수와 변수의 자료형, 제3장에서는 표준 입출력 함수, 제4장에서는 일반연산자, 제5장에서는 기타연산자, 제6장에서는 순서도, 제7장에서는 제어문, 제8장에서는 함수, 제9장에서는 배열, 제10장에서는 포인터, 제11장에서는 기억 클래스와 전 처리기, 제12장에서는 구조체와 공용체, 제13장에서는 파일 입출력의 내용으로 구성되어 있다. 그리고 부록에서는 ASCII 코드표, 컴파일러 오류 및 경고 메시지, 라이브러리 함수 종류를 첨부하여 C-언어 프로그래밍에 입문하는 사람들에게 중요한 자료를 제공하고 있다.

프로그래머로서 실력을 배양하기 위해서는 스스로 프로그램을 실행해보고 응용하는 능력을 향상시켜나가는 노력을 기울여야 할 것이다. 많은 학생들이 본서를 통하여 프로그래밍에 자신감과 성취감을 얻어 원하는 소기의 목적을 이루길 바란다.

이 책이 출판되기까지 많은 도움을 주신 한올출판사 임순재 사장님께 감사드립니다.

2009년 2월

저자 씀

CONTENTS

Chapter 01

## C언어의 기본구조



Chapter 02

## 상수와 변수의 자료형

Chapter 03
## 표준 입출력 함수



Chapter 04
## 일반 연산자

CONTENTS

Chapter 05
## 기타 연산자



Chapter 06
## 순서도



Chapter 07
## 제어문

Chapter 08

## 함수

CONTENTS

## Chapter 09 배열



## Chapter 10 포인터

Chapter 11

## 기억 클래스와 전 처리기



Chapter 12

## 구조체와 공용체

CONTENTS

Chapter 13

# 파일 입출력



# 부 록

Chapter 01

# C 언어의 기본 구조

## 1.1 C 언어의 유래

BCPL은 운영체제 소프트웨어와 컴파일러를 작성하기 위한 언어로서 Martin Richards에 의해 1967년에 개발되었다. Ken Thompson은 BCPL에서 B 언어의 많은 특성들을 모델화했고, 1970년에 DEC PDP-7 컴퓨터로 Bell 연구소에서 UNIX 운영체제의 초기 버전을 만들기 위하여 B를 사용했다. C 언어는 Bell 연구소에서 Dennis Ritchie에 의해 B언어로부터 발전되었고, 1972년에 DEC PDP-11 컴퓨터상에서 최초로 구현되었다. C 언어의 개발 목적은 UNIX 운영 체제의 이식성을 높이기 위한 것이며, 그 결과로 UNIX 운영 체제와 함께 제공되는 소프트웨어의 많은 부분이 C 언어로 작성되어졌다. 오늘날의 모든 새로운 주요 운영체제는 C나 C++로 작성되어지며, C 언어는 대부분의 컴퓨터에서 사용할 수 있게 되었다. 범용 프로그래밍 언어로서 C 언어는 이식성이 강하고, 시스템을 직접 제어할 수 있다는 장점을 가지고 있다. 따라서 지금까지 개발된 프로그래밍 언어 중 현재 가장 널리 사용되고 있다. 최근에는 시스템 소프트웨어 분야뿐만 아니라 사무처리와 관련 있는 전산화 작업, 과학기술 계산 등의 응용분야에서도 널리 사용되고 있다.

# 1.2 C 언어의 특징

- 범용 프로그래밍 언어로서 호환성이 높다.
- 고급언어이면서 저급언어에 속하는 언어구조로 시스템을 직접 제어할 수 있다.
- 모듈화가 가능하므로 프로그램 작성이 효율적이고 이식성이 강하다.
- 컴파일된 실행 파일의 수행 속도가 비교적 빠르다.
- C 언어는 구조적 언어이다(structured language).
- C 언어는 C++와 Java 언어의 기본이다.
- 함수로 구성된 언어이다.
- 전처리기(Preporcessor) 기능이 있다.

# 1.3 프로그램의 샐행

## 1. 알고리즘

알고리즘은 주어진 문제를 해결하는 과정을 그림 또는 의사코드 등 여러 가지 도구를 이용하여 기술한 것을 말하며 다음과 같이 표현할 수 있다.

**[예] 두 정수의 합을 구하는 알고리즘을 표현하시오.**

| | |
|---|---|
| a는 1이다. | a <- 1 |
| b는 2이다. | b <- 2 |
| c = a + b를 계산하여 | c <- a + b |
| c를 화면에 출력 | print c |
| (자연어로 표현) | (의사 코드로 표현) |

## 2. 언어처리방식

언어를 처리하는 방식을 간단히 살펴보면 대화식 방식인 인터프리터와 번역 방식인 컴파일이 있다. 또한 컴파일 하기전에 주어진 원시 프로그램을 전 처리하는 프리 프로세스가 있다.

- 인터프리터(Interpreter) : 원시 프로그램을 마치 사람이 통역으로 대화하듯이 언어를 처리하는 방식을 말한다.

미국인 → 통역 → 한국인

- 컴파일(Compile) : 원시 프로그램을 번역 즉 컴파일하여 목적 코드로 변환하여 처리하는 방식으로 영어 소설을 한글로 번역하는 개념과 같다.

영어소설 → 번역 → 한글소설 → 이해

C프로그램 → Compile → Object code(기계어)

- 전처리기(Preprocessor) : 컴파일하기전 원시 프로그램을 형태만 조금 변경하는 것을 말하며 개념적으로 다음과 같다. 즉, 원시코드에 상수 5를 A로 정의하여 작성하면 전처리기는 컴파일전에 A를 상수 5로 대치하는 일을 한다.

```
define A 5
c = A + 3    ⇒   전처리기(Preprocessor)   ⇒   c = 5 + 3
print c                                       print c
```

**[예제 1-1] 두 정수 2와 5의 합을 구하는 알고리즘 및 프로그램을 작성하시오.**

**알고리즘** 주어진 문제를 분석하여 알고리즘으로 표현한다.

a는 2이다.

b는 5이다

c = a + b 하여

c를 화면에 출력

**프로그램** C 언어 문법에 맞게 알고리즘을 변환 작성한다.

```
#include <stdio.h>
void main()
{
    int a, b, c; /* a, b, c는 정수형 변수 */
    a = 2;
    b = 5;
    c = a + b;
    printf(" 답 = %d", c);
}
```

**결 과**

답 = 7

**실행과정**

C 언어 프로그램을 실행하는 과정을 간단히 기술하면 다음과 같다.

주어진 문제 → 알고리즘 개발 → 원시파일(test.c)
→ 전처리기 → 확장된 c파일 → 컴파일 → 목적코드(test.obj) → 링커 → 실행가능 코드(test.exe)

문서 편집기(Text Editor)나 C컴파일러의 편집기를 이용하여 C 언어 원시파일을 작성하고, 이 원시 코드를 번역하여 컴퓨터가 직접 실행 가능한 상태인 목적 코드 파일로 변환한다. 이와 같은 과정을 "C 컴파일러"라는 프로그램이 실행해 준다. 프로그래밍 과정은 다음과 같다.

편집 → 전처리기 → 컴파일 → 링크 → 실행

C 언어의 원시코드를 번역하여 기계가 실행할 수 있는 목적 파일을 생성하기 위해 C 컴파일러를 사용한다. C 언어에서의 선행 처리(preprocessing)는 사용자가 변수에 수치나 수식을 정의함으로써 원시파일 안에서 컴파일러가 동일한 변수를 수치나 수식으로 대치시켜 준다. 컴파일을 하고 나면 목적 파일이 생성되고, 이 파일을 링크시키면 실행 가능한 프로그램이 생성된다.

## 1.4 C 언어의 기본 구조

### 1. C 언어 프로그램의 구성 요소

C 언어 프로그램은 하나 이상의 함수로 구성되며, 이 중 하나는 반드시 main()이라는 이름의 함수가 있어야 한다. 함수는 헤더(header)와 본체(body)로 구성되며, #include나 #define과 같은 선행처리기에 대한 문과 함수의 이름으로 이루어진다. 함수 본체는 중괄호인 '{'와 '}'로 싸여 있으며, 중괄호{} 내부에는 세미콜론으로 끝나는 일련의 명령문들이 들어 있다. C 언어의 기본 구성요소는 다음과 같다.

- 전처리문 : 표준 입출력 헤더 파일(header file)과 같이 각종 함수 원형(function prototype) 선언문에 대한 정보가 포함되어 있다. 소스 프로그램에 포함시키는 작업을 수행하게 된다.
- main () 함수 : C 언어로 작성되는 모든 프로그램은 최소한 1개의 함수(main() 함수)를 포함하고 있어야 하며 "{"로 시작하며 "}"로 끝낸다. main()함수는 프로그램의 주가 되는 함수로써 프로그램 자체가 하나의 함수임을 나타낸다.
- 변수와 상수
- 실행문과 함수
- 주석문(Comment) : 프로그램 중에서 "/*"와 "*/" 사이에 위치한 부분은 주석문으로 간주되어 컴파일시에 대상에서 제외된다. 주석문은 함수에 대한 설명이나 프로그램에 대한 설명을 하기 위해 작성한다. 또한 "//" 의 다음 내용도 주석으로 처리 된다.

**[예제 1-2] 간단한 예제 프로그램**
**다음은 가장 간단한 C 언어 프로그램으로 main()함수와 시스템에서 제공되는 printf() 함수 호출문, 주석문 및 전처리 문장으로 구성되어 있으며, 화면에 "C 언어 연습"이라고 출력 된다.**

프로그램

```
#include <stdio.h>
void main()
{
   printf("C 언어 연습"); // 출력 함수
}
```

결 과

C 언어 연습

설 명

C 언어는 하나 이상의 함수로 구성되며, main()이라는 이름의 함수는 반드시 하나 존재해야 한다. 또한 C 언어는 대문자, 소문자를 구분하며 문장과 문장 사이는 세미콜론(;)으로 분리한다. 한줄에 여러개의 문장을 기술하여도 상관없다. //는 설명문 즉, 주석문으로 처리되어 실행에는 영향을 주지 않는다. 위 프로그램의 본문의 printf("C 언어 함수")는 C컴파일러가 제공하는 표준 출력함수로 "" 사이의 내용을 그대로 출력하는 일을 한다. 이와같이 제공되는 함수들을 사용하기 위해서는 이들 함수의 정보를 담고 있는 헤더 파일을 프로그램에 포함시켜야되는데, 이때 사용하는 것이 #include 문장이다. #기호가 붙은 문장은 C 언어의 전처리기가 처리한다. 위의 프로그램에서 #include <stdio.h>는 printf()함수의 정보를 담고 있는 <stdio.h>를 프로그램에 포함시켜라는 의미가 된다. 이로써 프로그램에 출력함수인 printf()를 사용할 수 있다.

**[예제 1-3] 다음 프로그램을 실행하시오.**

프로그램

```
#include <stdio.h>
void main()
{
   printf("C 언어 연습"); // 출력 함수
   printf("JAVA 언어"); // 출력 함수
}
```

결 과

C 언어 연습JAVA 언어

설 명

화면에 두 번째 printf()의 내용을 한 줄에 이어서 출력한다.

**[예제 1-4] 다음 프로그램을 실행하시오.**

프로그램

```
#include <stdio.h>
void main()
{
   printf("언어 연습\n"); // 출력 함수
   printf("JAVA 언어"); // 출력 함수
}
```

결 과

C 언어 연습
JAVA 언어

설 명

화면에 두번째 printf()의 내용을 다음 줄에 출력한다. 첫 번째 printf()문의 '\n'이 줄을 바꾼다는 의미의 문자이다.

**[예제 1-5] 다음 프로그램을 실행하시오.**

프로그램

```
#include <stdio.h>
void main()
{
   int a, s ; /* a, s 는 정수형 변수 */
   a = 2;
   s = a + 5;
   printf(" 답 = %d", s);
}
```

결 과

답 = 7

설 명

위의 프로그램에서 a와 s는 값을 기억하기 위한 기억장소의 이름으로 변수라고하며, C 언어에서는 반드시 사용되기 전에 어떤 형의 값을 저장할 것인지를 선언하여야 한다. int a, s라는 문장이 변수 선언문이며, a와 s는 정수형 값을 갖는다는 것을 의미한다. /* */사이의 문장은 주석문으로 처리된다. a = 2, s =a + 5는 대입문으로 오른쪽의 값을 왼쪽의 변수에 저장하라는 의미이다. 이 프로그램을 수행하면 답 = 70이라는 결과가 화면에 출력 된다.

## 2. C 언어 프로그램의 기본 형식

C 언어의 기본 구조 형식은 다음과 같이 main()함수로만 작성하는 경우와 사용자 정의 함수를 포함하여 작성하는 경우이다.

■ C 언어 기본 형식인 메인 함수로만 작성

[기본형식]

```
전처리지시자
void main()
{
  변수 선언문 ;
  처리문장들 ;
}
```

[예]

```
#include <stdio.h>
void main()
{
  int a ; /* 정수형 변수*/
  a = 20 ;
  printf("a = %d ", a );
}
```

■ C 언어의 형식으로 사용자 정의함수를 이용하여 작성

[기본형식]

```
함수명(인수)
{
  변수 선언문 ;
  처리문장들 ;
}
```

[예]

```
int output()
{
  int a ; /* 정수형 변수*/
  a = 20 ;
  return a;
}
```

[기본형식]

```
전처리지시자
void main()
{
  변수 선언문 ;
  함수명(인수) ;
  처리문장들 ;
}
```

[예]

```
#include <stdio.h>
void main()
{
  int a ; /* 정수형 변수*/
  a = output(); /* 함수호출 */
  printf("a = %d ", a );
}
```

■ /* C의 기본 형식 */

'/*'으로 시작해 '*/'로 끝나는 부분을 주석문(comment)라 한다. 주석문은 프로그램을 명확하게 해설하는데 도움이 되는 글을 말한다. 이것은 프로그램을 읽는 사람을 위한 것이므로 컴퓨터는 이것을 프로그램의 일부로 간주하지 않고 무시해 버린다. '//'로 한줄만 주석 처리 할 수도 있다.

■ #include <stdio.h>

#include는 다른 파일을 포함한다는 선언을 의미하는 선행처리기(preprocessor)로 C 컴파일러가 제공한다. 위 문장은 <stdio.h>라는 파일에 들어 있는 정보를 포함한다는 것을 컴퓨터에게 알려 준다. 즉 #으로 시작하는 라인은 전처리기가 처리하는 부분으로, #include 라인은 전처리기에게 헤더 파일 <stdio.h>의 복사를 하게 한다. <stdio.h> 파일은 함수 printf()에 관한 정보를 포함하고 있으므로 C 프로그램을 작성할 때는 이 문장을 포함시켜야만 한다.

■ void main()

C 프로그램은 하나 이상의 함수로 구성되는데 main 함수가 C 프로그램의 기본 함수이다. 위 형식1의 프로그램은 main이라는 하나의 함수로 구성되어 있다. 모든 C 프로그램은 반드시 main() 함수를 가지고 있다. main 앞의 void는 이 함수가 어떠한 값도 반환하지 않는다는 것을 컴파일러에게 알려주는 것을 의미하며, 이 함수가 어떠한 인수(argument)도 갖고 있지 않다는 것을 컴파일러에게 알려 줄때 괄호 안에 void

를 쓴다. 때로는 위의 예제 프로그램과 같이 int main(void)와 같은 형태의 main 함수를 볼 수 있는데, 이때의 int는 이 함수가 정수값을 반환(return 0;)한다는 것을 컴파일러에게 알려주는 것을 의미한다.

■ ;

';'은 이것을 포함한 문장이 하나의 독립된 문임을 나타낸다. Pascal에서는 세미콜론으로 문과 문 사이를 구분하지만, C 언어에서는 세미콜론이 문의 일부분이므로 문장의 끝에 반드시 사용하여야만 한다.

■ {, }

왼쪽 '{'는 함수를 이루는 문의 시작을 의미하고, 함수의 정의는 오른쪽 '}'로 끝난다. 이를 블록이라 한다.

■ int a, s;

위 문장은 변수 선언문으로 a, s가 이 함수 main에서 사용되는 변수의 이름이며, 그 변수의 타입이 정수형이라는 것을 선언한 것이다. C 언어에서 사용되어지는 모든 변수는 반드시 선언문을 통해서 선언되어져야만 한다.

■ printf()

이 함수는 화면에 출력하라는 라이브러리 함수이며, 헤더 파일 <stdio.h>에 포함되어 있다. 반드시 #include <stdio.h>를 기술하여야 사용할 수 있다.

■ int output()

이 함수는 사용자가 정의한 사용자 정의 함수이다. 함수명이 output()이며 결과값으로 정수형 값을 반환 한다. 즉, 이 함수는 호출되면 정수 20이라는 값을 반환하여 주는 일만 수행한다,

■ output();

이 문장은 사용자가 정의한 사용자 정의 함수를 호출하는 호출문이다. 위 프로그램에서 호출한 뒤 되돌려 받는 반환값은 20이 된다.

### 3. 전처리기의 개념

C 언어에서 전처리는 컴파일전에 처리하며 #기호가 붙은 문장은 전처리기가 처리하는 문장이다. #define 은 프로그램 작성시 사용자의 편의를 위하여 제공되는데 예를들면, #define A 5로 정의하였다면 프로그램에서 상수 5 대신에 정의한 A를 사용하여 작성한다. 컴파일하기 전 전처리기는 프로그램에서 A를 찾아서 상수 5로 변환하는 처리를 수행한 후 컴파일 한다. #include문은 파일을 프로그램에 포함하라는 의미의 문장으로 전처리기가 처리한다. 아래 프로그램의 #define A 5와 #include <stdio.h>를 살펴보자.

[예] **전처리의 예**

```
#define A 5
#include <stdio.h>                              stdio.h 파일 내용첨부
void main()                                     void main()
{                           전처리기              {
   int k = A + 7;           ======>               int k = 5 + 7;
   printf(" %d \n", k );                          printf(" %d \n", k );
}                                                }
[원시프로그램]                                   [전처리 후 프로그램]
```

# 1.5 비주얼 C++ 컴파일러를 이용한 C 언어 프로그램 실행 과정

비주얼 C++ 컴파일러 안에는 C 컴파일러가 기본적으로 내장되어 있다. 또한 비주얼 C++는 단순한 컴파일러 기능만 하는 것이 아니라, 자체 텍스트 편집기와 링커, 디버깅 등 많은 기능들을 가지고 있는 통합 개발 환경(IDE)을 제공하고 있다. 비주얼 C++ 개발 도구를 사용하여 C 언어 프로그램을 만드는 데 필요한 과정 즉 C 언어 소스 코드를 입력하고 컴파일 및 실행과정을 살펴본다.

**1.** [시작] 메뉴에서 [프로그램] → Microsoft Visual Studio 6.0 → Microsoft Visual C++6.0을 선택하여 비주얼 C++를 실행한다. 비주얼 C++가 실행되면 메뉴에서 [File] → New 항목을 선택하자. 단축키 Ctrl + N을 눌러도 된다.

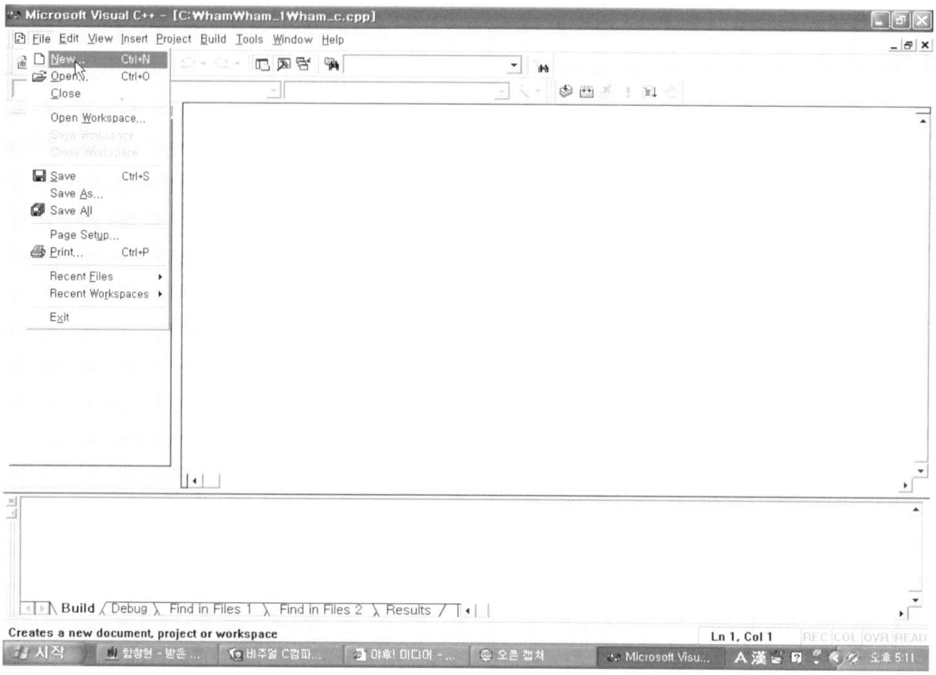


[그림 1-1] 비주얼 C++의 [New] 메뉴 선택

**2.** 다음과 같이 프로젝트의 종류를 선택하는 화면이 나타나는 것을 볼 수 있다. 일단, 여기서는 아래에서 세 번째인 Win32 Console Application을 선택하도록 한다. 오른쪽에 보면 Project Name 부분과 Location 부분이 있는 것을 볼 수 있는데, 각각 다음과 같은 의미를 지니고 있다. Project Name은 만들고자 하는 프로젝트의 이름을 입력하는 곳이다. 이곳에 입력한 프로젝트명이 동시에 만든 프로그램의 실행 파일명이 되므로 신중하게 입력하도록 하자. Location 은 만들게 될 파일들이 저장될 폴더를 선택하는 부분이다. 기본적으로 비주얼스튜디오 폴더의 MyProject 폴더에 Project Name에 입력한 이름과 같은 폴더가 생성된다.

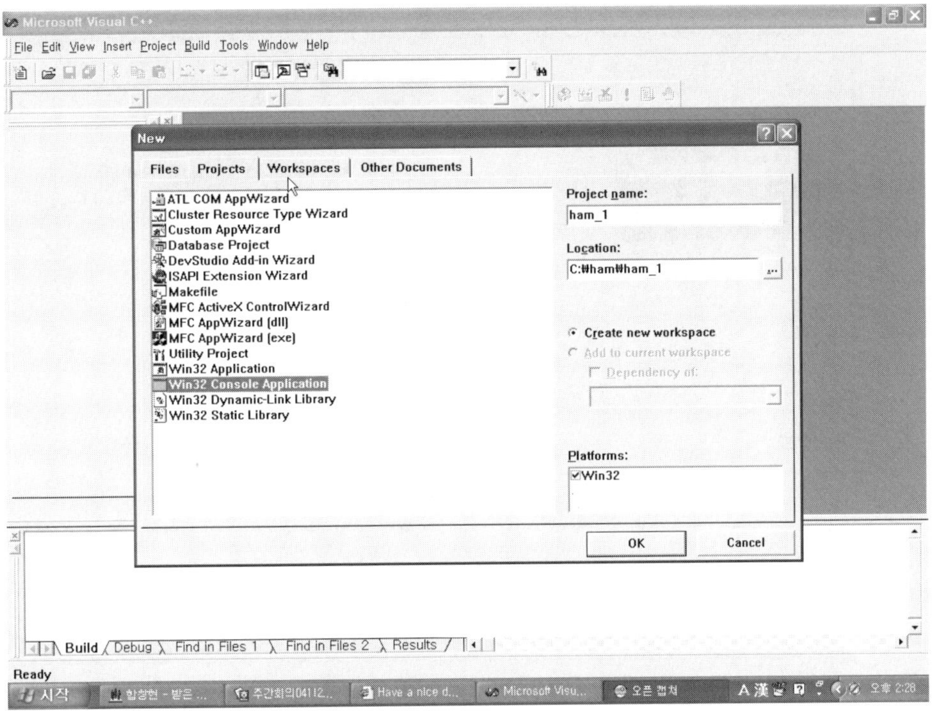

[그림 1-2] Project 종류 설정

**3.** Console Application의 종류를 선택하는 화면인데, 가장 첫번째 항목인 An empty project를 선택하면 된다. An empty project를선택하고 [Finish] 버튼을 누르도록 하자.

**4.** 사용자가 설정한 내용을 보여주는 화면이다. 프로젝트를 생성하기 전에 여러분들이 설정한 내용들을 정리해서 보여준다. 콘솔 프로그램의 경우에는 별다른 설정이 없기 때문에 내용이 없지만, 나중에 배우게 될 Windows 프로그래밍의 경우에는 보여주는 내용도 상당히 많다. 내용을 확인하고나서 [OK] 버튼을 누르도록 하자 .

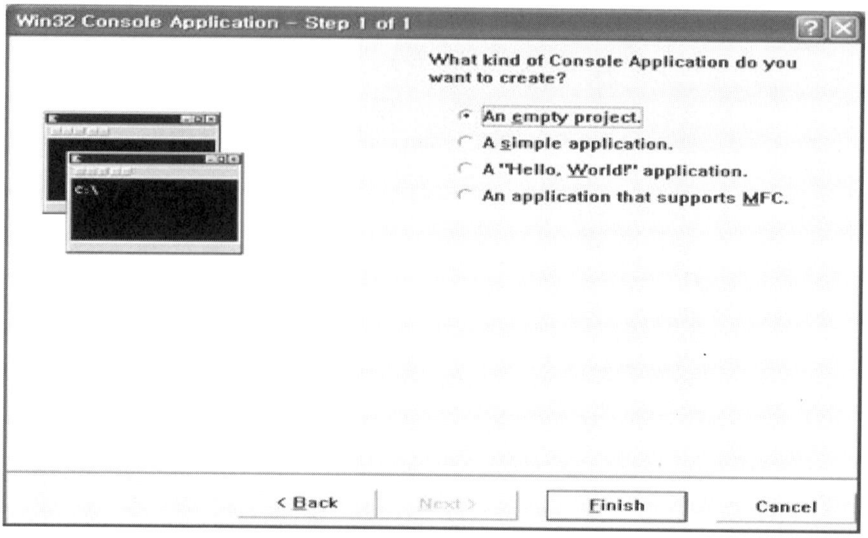


[그림 1-3] 콘솔 프로그램의 종류 선택

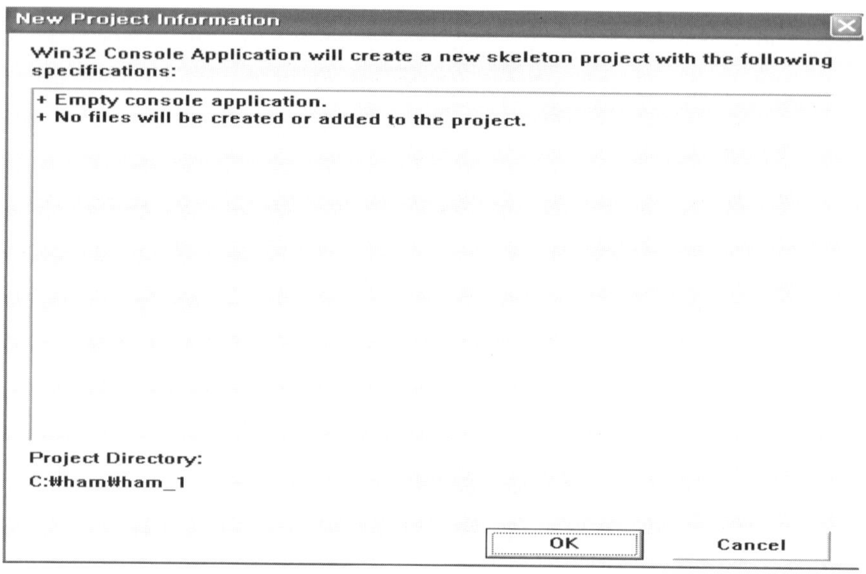


[그림 1-4] 프로젝트의 설정 내용

**5.** 생성한 프로젝트가 활성화되는 것을 볼 수 있다. 하지만, 첫 번째 비주얼 C++ 프로그램을 실행 시켰을 때의 모습과 별다른 차이점이 없는 것을 볼 수 있는데, 가장 큰 차이점이라면 비주얼 C++의 타이틀 바에 'ham_1'이라는 이름이 생성되었다는 정도이다.

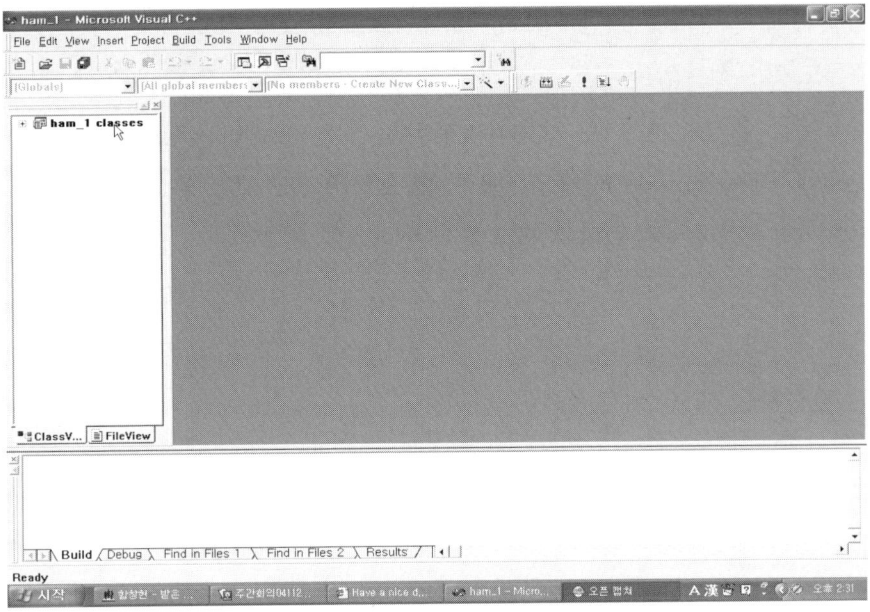


[그림 1-5] 생성한 프로젝트의 활성화

**6.** 새로운 소스 코드 파일을 생성하려면, 앞에서 새로운 프로젝트를 생성했던 방법과 동일하게 [File] → New 항목을 선택한다.

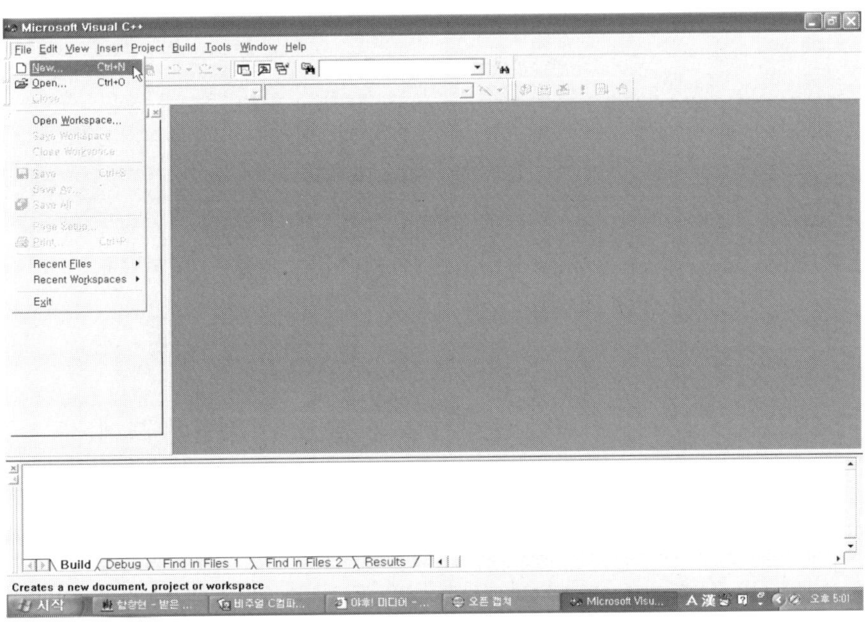


[그림 1-6] 새로운 소스 코드 파일의 생성

**7.** 이곳에서 설정하는 것은 새로운 소스 코드 파일의 유형이다. 새로운 파일의 종류도 프로젝트의 종류와 비슷하게 13종류가 있는 걸 볼 수 있는데, 그 중에서 여러분들이 사용해야 할 것은 5번째의 C++ Source File 항목이다. 왼쪽 파일 목록에서 C++ Source File을 선택한 후 오른쪽 File 부분에 파일명을 입력하면 된다. 단, 주의할 점은 새로 생성할 C 언어 프로그램의 소스 파일을 입력할 때는 정확하게 확장자를 .c 라고 명시해야 한다. 확장자를 생략하고 파일명만 입력한 후 [OK] 버튼을 누르면, 비주얼 C++는 자동적으로.cpp라는 C++ 소스 파일의 확장자를 붙여 버린다.

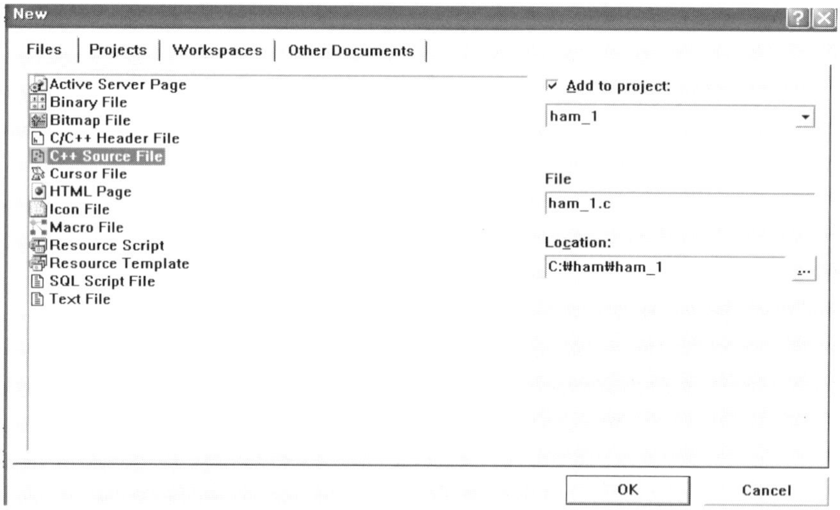


[그림 1-7] 새 프로젝트

새로운 소스 코드 파일 종류를 선택하고 파일 이름을 입력한 뒤 [OK] 버튼을 클릭한다

**8.** 비로소 소스 코드를 입력할 준비가 모두 끝났다. 화면은 크게 세 부분으로 나누어지는데, 화면의 위쪽에는 개발하면서 사용하게 될 여러 가지 기능들에 대한 메뉴와 버튼들이 있고, 왼쪽에는 ClassView, FileView와 같은 도구들이 있다. 마지막으로 오른쪽에 가장 크게 자리 잡고 있는 것이 C 언어 코드를 입력할 편집 화면이다.

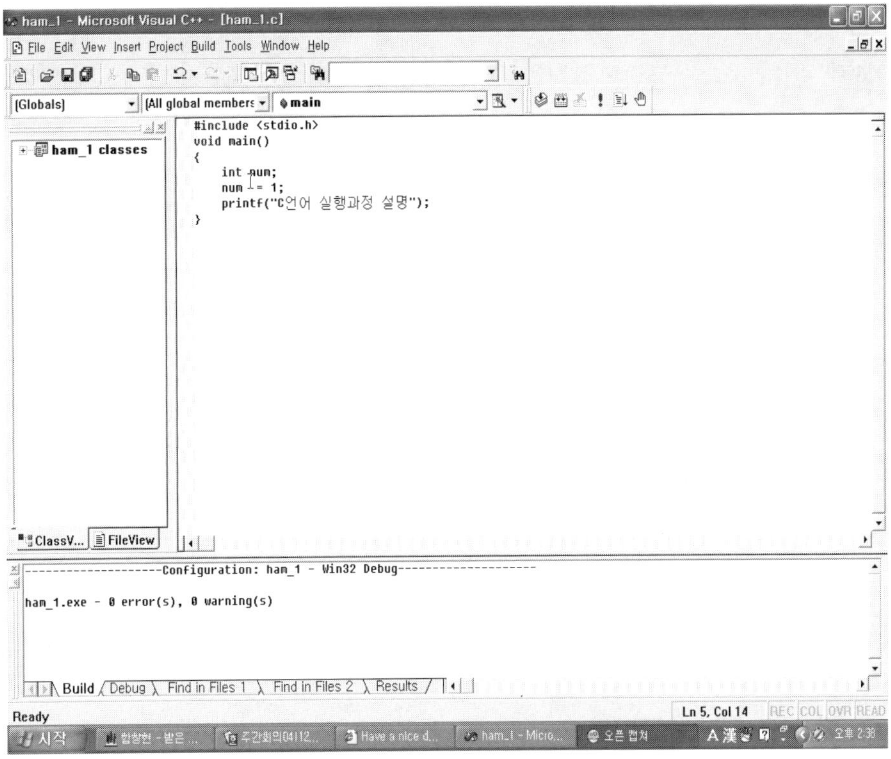


[그림 1-8] 새로 생성된 소스 코드

이제부터는 직접 C 언어 코드를 입력하고 실행 파일을 생성하는 방법에 대해서 알아보도록 하자.

새로운 소스 코드 입력 및 컴파일

앞에서 만든 프로젝트를 사용해서 첫번째 C 언어 프로그램을 만들어보도록 하자. 먼저, 비주얼 C++의 에디터 화면에서 다음과 같이 코드를 입력하자.

```
#include <stdio.h>
void main()
{
   int num;
   num = 1;
   printf("C 언어 실행과정 설명.");
}
```

이 예제를 사용하여 비주얼 C++로 이 소스 코드를 어떻게 컴파일하고 빌드하는지 알아보자. 위의 소스 코드를 입력한 후에 다음과 같이 [Build] → Compile 항목을 선택한다.

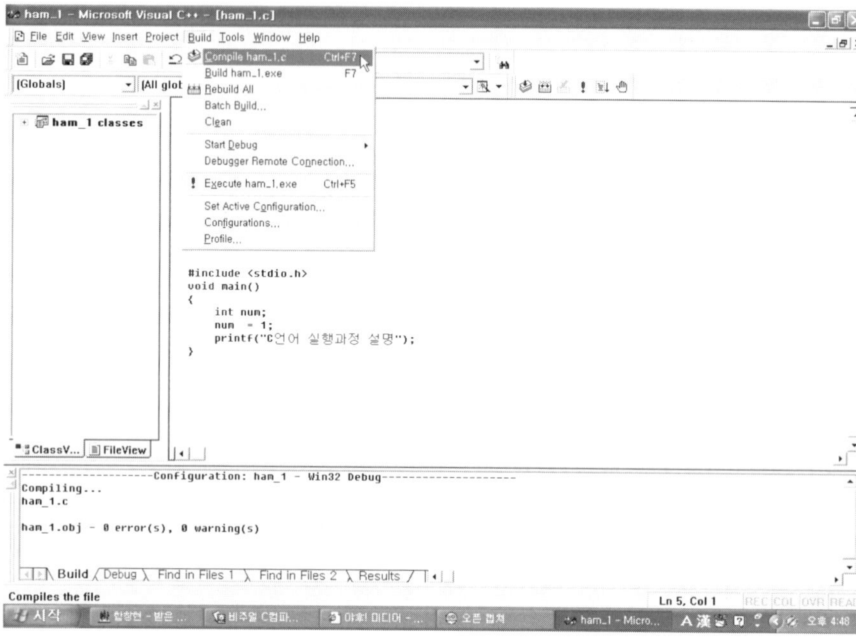

[그림 1-9] C 소스 코드의 컴파일

[Build] → Compile 항목을 선택하거나, Ctrl + F7을 누르면 컴파일을 하게 되며, 컴파일 과정중에 오류가 없다면 다음 그림과 같은 화면을 볼 수 있다.

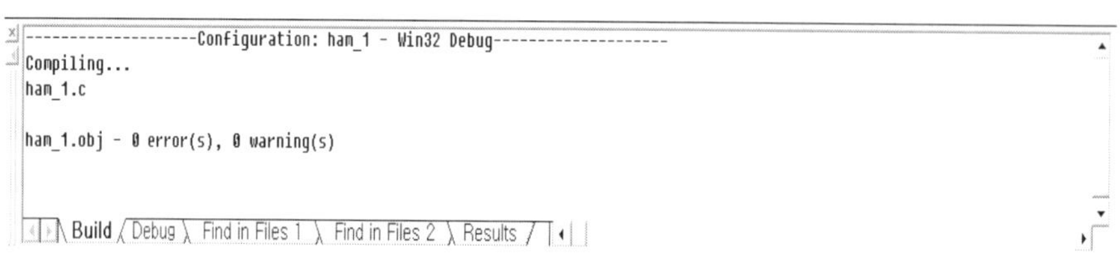


[그림 1-10] 컴파일 완료(에러 / 경고 없음)

위의 화면은 컴파일 과정중에 특별한 오류나 경고가 없다는 의미이고, 만약 여러분들이 입력한 소스 코드에서 세미콜론을 빠뜨리면 에러나 경고가 있는 다음과 같은 메시지가 나타나는 것을 볼 수 있다.

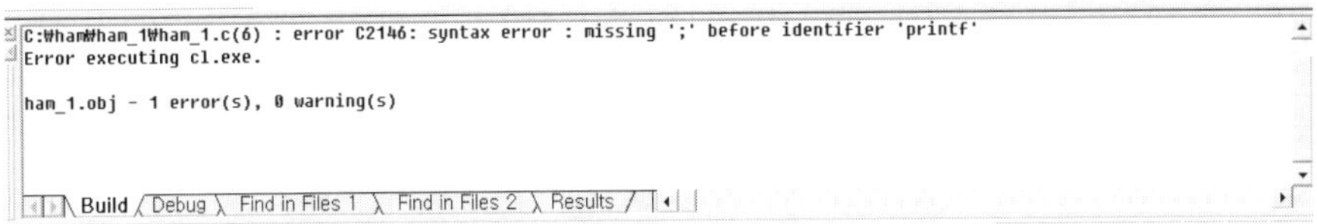


[그림 1-11] 에러(오류)가 발생한 경우

에러나 경고가 발생했을 경우 발생한 파일이름과 해당 줄 번호를 출력해 주며, 어떠한 내용이 잘못되었는지도 보여준다. 에러나 경고가 발생했을 경우 디버그창에서 에러 메시지가 표시된 줄을 마우스로 더블 클릭하면 자동으로 해당 줄로 이동되는 것을 볼 수 있는데, 이때 잘못된 코드를 수정하면 된다. 한가지 더, 오류나 경고가 발생했을 때는 에러가 발생한 부분 중 가장 윗부분부터 수정하는게 좋다. 에러가 위쪽 코드에서 발생했을 경우, 컴파일러가 이상이없는 아래쪽 명령어들도 에러라고 표시할 수 있기 때문이다. 따라서 에러가 발생했을 경우에는 반드시 가장 위에 발생한 에러부터 수정한다. 컴파일이 모두 끝나면 앞에서 프로젝트의 종류와 프로젝트의 파일들이 저장되도록 설정한 폴더를 살펴보자. 그 안에 Debug 폴더가 생성되어 있는 것을 볼 수 있다. 여러분들이 컴파일하여 만든 오브젝트 파일은 Debug 폴더에 저장되어 있으며, 확장자는 .obj를 가진다. 이제 실행 파일을 만들어 보자. [Build] → Build 항목을 선택하면 링크 과정을 거쳐서 실행파일이 만들어지며, 이러한 실행파일은 Debug 폴더에 저장된다.

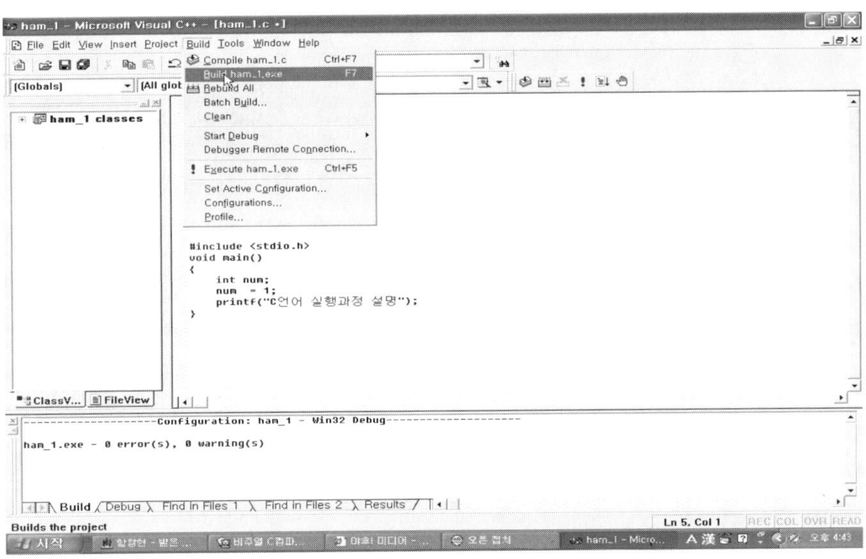


[그림 1-12] 빌드 실행시 디버그 창의 내용

[Build] → Build 항목을 선택하면 실행파일이 만들어진다. 컴파일의 단축키는 Ctrl+F7이며, 빌드는 F7이라는 것을 꼭 기억하도록 하자. 그럼 직접 빌드를 시작해 보자. 그럼 다음 그림과 같은 결과 화면을 볼 수 있을 것이다.

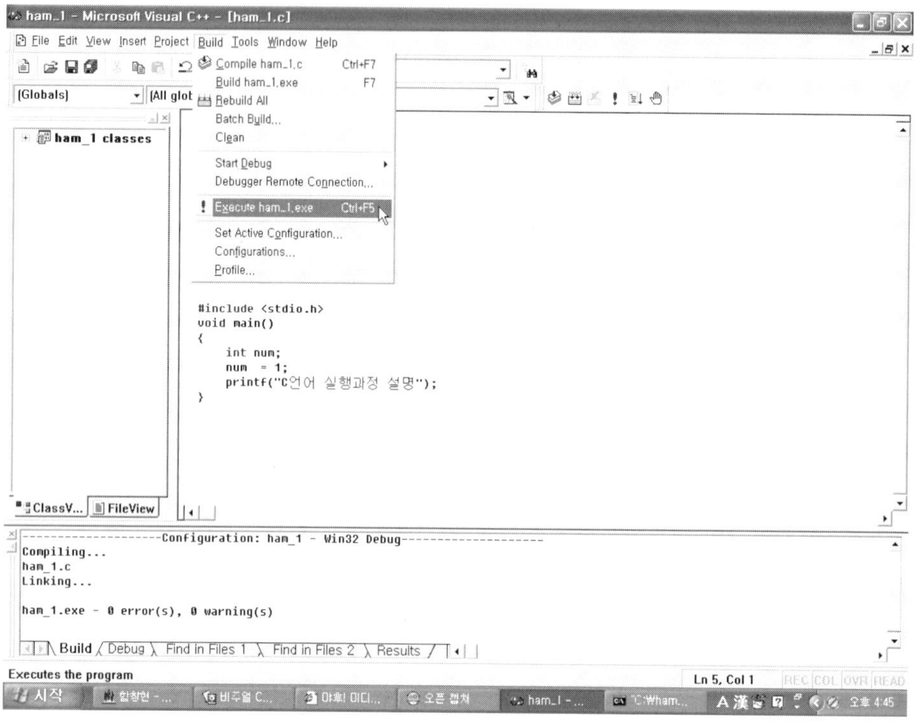


[그림 1-13] 실행(Execute) 메뉴

조금 전에 설명했듯이 앞에서 이미 ham_1.c파일을 컴파일 해서 ham_1.obj라는 오브젝트 파일이 존재했기 때문에 빌드 과정에서는 컴파일 과정을 생략하고 링크 과정만을 실행한다. 만약 소스 코드를 입력하고 바로 빌드를 하게 되면 비쥬얼 C++가 자동으로 생략된 컴파일 과정을 먼저 실행하고 링크 과정인 빌드를 하게된다. 새로 생성된 실행 파일을 실행하기 위해서는 어떻게 해야 할까? 탐색기를 이용해서 만들어진 실행파일을 더블 클릭해도 되고, MS-DOS 모드에서 해당 폴더로 이동한 뒤 직접 실행 파일명을 입력해도 된다. 하지만 비쥬얼 C++에는 좀 더 편리한 기능이 있다. 빌드 후 바로 생성된 실행 파일을 실행해 볼 수 있는 메뉴가 그것인데, [Build] → Execute 를 선택하면 된다. 만약 컴파일과 빌드 과정을 생략한 채 바로 이 기능을 실행하면 컴파일과 빌드 과정을 먼저 실행한 후 이 기능을 작동시켜준다.

[그림 1-14] 실행 결과

지금까지 비주얼 C++에서 소스 코드를 작성하고 컴파일 및 링크 과정을 통해 실행파일을 생성해보았다.

## 연습문제

**1** 다음 문제에 대한 프로그램을 실행하고 분석하시오.

함수 f(k) = 5k + 2라 할 때 f(7)을 구하여 출력하는 프로그램을 작성하시오.

1) main함수로 작성

```
#include <stdio.h>
void main()
{
   int p, k;
   k = 7;
   p = 5 * k + 2;
   printf( "결과는 = %d" , p);
}
```

2) main함수와 사용자 정의함수로 작성

```
#include <stdio.h>
void main()
{ int p;
    p = func(7);
    printf( "결과= %d" , p);
}
int func ( int k )
{
    Int j;
    j = 5 * k + 2;
    return j;
}
```

Chapter 02

# 상수와 변수의 자료형

## 2.1 자료형

C 언어에서 사용되는 모든 변수는 반드시 그 변수가 어떤 형(type)의 데이터를 값으로 가질 것인가를 선언해 주어야 한다. 이를 그 변수의 자료형이라 한다. 자료(data)란 프로그램 중에서 상수 또는 변수로 사용된다. 상수는 불변의 값을 의미하며, 컴파일러에서 상수의 형태를 보고 자료형을 알 수 있다. 그러나 변수는 프로그램이 수행됨에 따라 값이 변화될 수 있으며, 변수에 미리 자료형을 정하여 정해진 허용범위 내에서 사용하여야 한다. 표 2−1은 자료형의 종류를 나타낸다.

[표 2-1] 자료형의 종류

| 키워드 | 바이트 수 | 의 미 |
|---|---|---|
| int | 2 | 부호 있는 정수 : -215~215-1(-32768~32767) |
| short int | | |
| unsigned int | | 부호 없는 정수 : $0 \sim 2^{16}-1$(0~65535)<br>메모리 번지나 계수기(counter) 등에 주로 사용 |
| unsigned short int | | |
| long | 4 | $-2^{31} \sim 2^{31}-1$(-2, 147, 483, 648~2, 147, 483, 647) |
| unsigned long int | | $0 \sim 2^{32}-1$(0~4, 294, 967, 295) |
| char | 1 | 부호 있는 정수 : $-2^{7} \sim 2^{7}-1$ (-128~127) |
| signed char | | |
| unsigned char | | 부호 없는 정수 : $0 \sim 2^{8}-1$ (0~255) |
| float | 4 | 소수점 6자리까지 표현 : $-10^{128} \sim 10^{127}$ |
| double | 8 | 소수점 15자리까지 표현 : $-10^{128} \sim 10^{127}$ |
| long double | 10 | 3.4E-4932~1.1E+4932 |
| void | 0 | 값이 없음 |

int 형 선언은 잠정적으로 부호가 설정되어 있기 때문에 signed int라고 선언할 필요는 없다. char 형 선언은 signed char 형으로 선언하여 사용하지만, char의 의미가 같으므로 보통은 signed를 생략한다. char 형 변수는 ASCII 문자와 −128~127까지의 작은 정수를 저장할 수 있으므로 굳이 큰 정수 값이 필요 없을 때는 정수형 대신 문자형을 사용할 수 있다. long 수정자는 int 형과 double 형에만 적용된다. long int는 int의 2배인 32 비트로 정의되며, long double 형은 double 형에 비해 2배 정도의 정밀도를 갖는다. short 수정자는 컴파일러가 32 비트 정수형을 사용한다면 16 비트 크기를 갖지만, 대부분의 PC에서는 워드의 크기가 16 비트 정수형이므로 short int 형이나 int 형 둘 다 16비트 크기를 가지게 되어 이 둘간의 차이는 없다. unsigned 수정자는 char 형과 int 형에만 적용되며, long과 short를 병행하여 사용할 수 있다. signed와 unsigned의 차이는 signed는 최상위 비트를 부호 비트로 사용하여 0이면 양수를 1이면 음수를 나타내는데 반해, unsigned는 부호 비트 없이 양수만 표현한다. C의 unsigned, short, long은 int를 생략한 수정자 자체의 짧은 표기법 사용을 허용한다.

## 2.2 상수

상수는 프로그램에 의해 변경되지 않는 고정된 값을 말한다. C 언어는 정수형 상수, 실수형 상수, 문자형 상수, 문자열 상수와 같이 여러 가지 종류의 값을 다룬다. 정수형 상수는 소수 부분이 없는 수를 말한다. C 언어는 정수형 상수로 10진수(decimal digit)뿐만 아니라, 8진수, 16진수 등도 사용할 수 있다. 8진수는 상수 앞에 0을, 16진수는 0x를 붙이면 된다. 예를 들어 256, -124, 0123, 0xf5와 같이 쓸 수 있다.

```
x = 17; /* 10진수 정수형 상수 */
y = 017; /* 8진수 정수형 상수 */
z = 0x17; /* 16진수 정수형 상수 */
```

실수형 상수(부동소수점 상수)는 소수점과 소수 부분을 포함하는 수이다. C 언어에서는 과학적 표기법으로도 실수형 상수를 나타낼 수 있다. 그러나 이때는 상수 중간에 공백을 넣어서는 안되며, 지수 표기를 위해 e와 E 둘 다 사용할 수 있다. 또한 실수형 상수 표기 시 숫자 뒤에 F, f, L, l을 사용할 수 있다. 다음은 실수형 상수 및 지수 표기법의 예이다.

· 실수형 상수 : 12.345, -34.567
· 지수표기법 : 1.23E+03, 2.34E-02

## 1. 정수형 상수

C 언어에서는 10진수 외에 8진수와 16진수로도 정수형 상수를 표현할 수 있다. 정수형 상수 표시 방법은 10진수는 숫자를 그대로 표시하고, 8진수로 정수형 상수를 나타내고자 할 때에는 앞에 0(zero)을 붙이고 원하는 숫자를 적으면 된다. 즉 0으로 시작하는 숫자는 무조건 8진수로 인식한다. 16진수는 앞에 0x나 0X를 붙이고 원하는 숫자를 16진수로 적으면 된다.

· 정수형 상수 : 5, 99, 05, 0X35
· 실수형 상수 : 6.7, 5.87
· 문자형 상수 : 'h', 'A'
· 문자열 상수 : "aaaa", "A"

[표 2-2] 각 진수별 형태

| | |
|---|---|
| 10진수 | −200, 0, 123 |
| 8진수 | 015, 0625 |
| 16진수 | 0x1a, 0XAF |

정수형 상수는 보통 그 상수가 대입되는 형태에 따라 그 자료형이 결정된다. 즉

int형 변수에 대입되면 int형 상수가 되고, long형 상수에 대입되면 long형이 된다. 하지만, 임의로 그 자료형을 정해 줄 수가 있는데, unsigned 정수형 상수를 사용하고자 할 때에는 맨 끝에 u나 U를 붙이고, l이나 L을 붙이면 long 형 상수가 된다.

[표 2-3] 자료형 지정 접미사

| 접미사 | 형 | 사용 예 |
|---|---|---|
| L 또는 l | long int | 23l, −1210 L, −077l, 0xcdL |
| U 또는 u | unsigned int | 100 u, 0234U, 0XB4U |
| UL 또는 ul | unsigned long int | 23ul |

## 2. 실수형 상수

실수형 상수는 소수점 이하 자리의 표기 방식에 따라 고정 소수점 방식과 부동 소수점 방식으로 나눌 수 있다. 고정 소수점 방식은 소수점을 찍어 정수부와 실수부로 나누어 표기하고, 부동 소수점 방식은 가수부와 지수부를 e 또는 E 로 분리하여 표기하는 방식으로 그예는 다음과 같다.

고정 소수점 방식 : 3.5, -3.1415, +0.123

부동 소수점 방식 : 1.0E+13, 0.27E-14

## 3. 문자형 상수

문자형 상수는 하나의 문자로 구성되어진 상수를 말한다. 문자형 상수는 단일 따옴표(' ') 안에 반드시 하나의 문자만 넣는다. 2개 이상의 문자를 넣을 경우('AB') 컴파일 에러가 발생하게 된다. 이들 각 문자형 상수는 각각에 해당하는 아스키(ASCII) 값들을 갖는다.

- 1byte = 8bit ( 11011010 )로 한문자를 구성하며 이를 아스키 코드라 한다.
- 하나의 문자로 이루어진 상수

- ' ' 안에 하나의 문자를 표시
- 아스키(ASCⅡ) 코드값을 갖는다.

'A', 'B', 'c', '*', '7'

문자 가운데는 키보드로 입력이 곤란한 문자들이 있다. 각종 제어문자나 <Enter> 문자, <Tab> 문자, 그래픽 문자들은 키보드로 입력하기가 곤란하기 때문에 이와 같은 방법으로는 나타내기가 힘들다. 따라서 C 언어 에서는 이를 위해 '\'로 시작하는 표현 방법을 제공하며, 이를 escape 문자라고 한다.

[표 2-4] Escape 문자의 종류

| Escape 문자 | 해당 ASCII 문자 | 기 능 |
|---|---|---|
| \0 | NULL | NULL 문자 |
| \a | BEL | Bell 소리(삑하는 벨소리를 내게 만듦) |
| \b | BS | Backspace(왼쪽 글자 하나를 지우는 문자) |
| \f | FF | Formfeed(프린터의 페이지 넘김 문자) |
| \n | LF | Linefeed(Newline : 다음 라인으로 이동) |
| \r | CR | Carriage Return(그 줄 맨 처음으로 이동) |
| \t | HT | Horizontal Tab(수평 탭문자) |
| \v | VT | Vertical Tab(수직 탭) |
| \\ | \ | Backslash('\' 그 자체) |
| \' | ' | 단일 따옴표 |
| \" | " | 이중 따옴표 |
| \? | ? | 물음표 자체 |
| \0(8진수) | 8진수 코드 | 8진수가 나타내는 코드의 문자 |
| \x(X)16진수 | 16진수 코드 | 16진수가 나타내는 코드의 문자 |

## 4. 문자열 상수

문자열은 여러 개의 문자들을 의미하며, 주로 printf 함수를 이용하여 하나의 문장을 화면에 나타낼 때 자주 사용된다.

**[예제 2-1] 각 escape 문자들을 출력문(printf)으로 출력시켜 그 결과를 확인 한다.**

프로그램

```
#include <stdio.h>
void main()
{
    printf("\a Bell \n"); /* 삑 소리를 나게 한다. */
    printf("double quote \" \n"); /* 이중 따옴표의 출력 */
    printf("back slash \\\n"); /* 역슬래시 */
    printf("tab\t ABC \n"); /* tab 표시 */
    printf("abcdefg\b\b\b\b");
}
```

결 과

```
Bell
double quote "
back slash \
tab     ABC
abc
```

실행과정

\n은 새로운 줄을 의미하는 escape 문자이며, \t는 tab 키의 의미를 수행한다. "나 \자체를 출력하여야할 경우는 \와 함께 사용하며 %를 출력할 경우는 %%를 연속하여 기술하면 된다.

## 2.3 변수

변수(variable)는 다양한 값을 저장할 수 있도록 사용자가 부여한 기억장소의 이름이다. 변수의 값은 프로그램이 실행될 때 주어지며, 그 값은 변할 수 있다. 이러한 변수에는 문자, 숫자, 그리고 특수 문자 '_'의 연속으로 구성된 토큰이다. 그러나 변수의 첫 문자는 반드시 영문자나 '_'이어야 한다. 대부분의 프로그램은 변수를 사용하며, C 언어는 모든 변수를 사용하기 전에 미리 선언하여야 한다. 변수를 미리 선언하는 이유는 컴파일러에게 어떤 변수형이 사용되는지, 변수의 크기는 얼마인지 등과 같은 변수의 속성을 미리 알려줌으로써 컴파일러가 그 변수가 저장될 기억공간을 미리 확보하여 효율적인 코드를 생성할 수 있도록 하기 위해서이다. 선언의 일반적인 형태는 자료 형(data type)과 변수 명을 지정해 준다. 변수는 3가지 기본적인 장소에서 선언된다. 함수 안, 함수 매개변수 정의 안, 그리고 모든 함수 밖에서이다. 이러한 변수들을 각각 지역(local) 변수, 형식(formal) 매개변수, 그리고 전역(global) 변수라 한다. 변수 명을 사용하는 규칙은 다음과 같다.

① 변수명은 영문자(대·소문자), 숫자(0~9), underscore(_)만으로 구성된다.
② 변수명의 첫 글자는 반드시 영문자나 underscore(_)로 시작한다.
③ 변수명의 길이는 일반적으로 31문자까지만 식별한다.
④ 같은 변수 명이라도 대문자와 소문자는 서로 다른 변수명으로 인식한다.
⑤ 변수명 사이에서는 공백(space)을 사용할 수 없다.
⑥ 예약어는 변수명으로 사용할 수 없다.

| 〈올바른 변수명〉 | 〈잘못된 변수명〉 |
|---|---|
| k | not#me /* 특수 문자 #은 사용할 수 없음 */ |
| _id | 101_south /* 숫자로는 시작할 수 없음 */ |
| iamanidentifier | -plus /* '_'와 '-'의 혼돈 주의 */ |
| so_am_i | my _ friend /* 공백류 문자를 포함할 수 없음 */ |

[표 2-5] 예약어의 종류

| | | | | |
|---|---|---|---|---|
| else | float | near | unsigned | huge |
| extern | default | break | interrupt | sizeof |
| for | int | const | signed | typedef |
| if | char | double | switch | asm |
| long | do | short | while | auto |
| register | enum | struct | case | goto |
| union | far | void | continue | return |

■ 변수의 개념

값을 기억하는 기억장소의 이름을 의미하며 기억장소의 실제주소를 기호로 표현한 것이다. 예를들어 int k는 기억장소의 임의의 번지를 k라는 이름으로 사용하겠다는 의미로 아래 그림에서 기억장소 50번지를 변수 k라는 이름으로 쓰겠다는 의미가 된다. 사용자는 변수명인 k만을 가지고 프로그램하며, 실제 어느 번지에 기억되는지는 신경쓸 필요가 없으며 컴파일러가 모든 일을 처리하여 준다. 특히 함수 안에서 선언된 변수는 지역(local)변수라 하며, 그 함수 내에서만 사용가능하고, 함수 밖에서 선언된 변수는 전역(global) 변수로 프로그램 전체영역에서 사용가능한 변수 이다.

```
int k; /* 정수값을 기억하는 정수형 변수 k 선언 */
k = 100; /* 사용 전 반드시 모든 변수를 선언 */
```

| 주소 | 정수 | 변수 |
|---|---|---|
| 50 | 100 | k |

## 1. 정수형 변수

정수 형(integer type) 변수는 정수형 값을 기억하는 변수로서 다음과 같이 선언하여 사용하며, int, short, long이 있다. 입 출력 형식 문자는 십진수이면 %d, 8진수이면 %o, 16진수 이면 %x이다.

```
데이터형 변수명 :
    int a, b, c; /* a, b, c는 정수형 변수 */
    long k = 100; /*  k는 long형 정수형 변수 이며 초기값은 100  */
```

**[예제 2-2] 정수형 자료형을 선언하고 결과를 확인 해보자.**

프로그램

```
#include <stdio.h>
void main()
{
```

```
    short int boxes, orange;
    short int total;
    orange = 150;
    boxes = 300;
    total = boxes * orange;
    printf("Total number of orange = %d \n", total);
}
```

결 과 Total number of orange = -20536

실행과정 %d는 정수형 값을 출력할 때 사용한다. short int로 선언된 total에 저장할 값의 범위를 벗어나기 때문에 엉뚱한 값이 기억되어 출력 된다. long int total로 수정하여 실행해 보길 바란다.

## 2. 실수형 변수

실수형의 값을 기억하는 변수를 실수형 변수라 하며, float, double, long double형 등의 종류가 있다. float, double, long double 각각 4, 8, 10byte 크기의 공간을 변수의 공간으로 사용한다. 실수값의 입·출력은 %f, %e를 사용한다. 선언 방법은 다음과 같다.

```
float a, b, c;
double a, b, c;
float k = 153.6;

sizeof( float ) 의 값은 4byte 이다.
```

**[예제 2-3] 실수형 변수를 선언하고 결과를 확인해 보자.**

프로그램

```
#include <stdio.h>
void main()
{
```

```
    float f;
    double d;
    f = 1.0 / 3.0;
    d = 1.0 / 3.0;
    printf("float=%f \n", f);
    printf("double=%16.14f \n", d);
}
```

결 과

```
float=0.333333
double=0.33333333333333
```

실행과정 실수형 f, d는 1.0을 3.0으로 나눈 결과가 기억되는데 f는 4byte 공간에 d는 double형으로 8byte 공간에 기억된다. 이를 출력하는 형식문자는 %f는 소수점 밑에 6자리까지 출력하며, %16.14f는 소수점을 포함하여 총16자리를 잡아서 소수점 아래 14자리까지 출력한다.

## 3. 문자형 변수

문자형 변수에는 char (signed char), unsigned char형이 있으며, 문자 하나, 즉 글자 1개를 의미한다. 입출력시 사용하는 형식 문자는 %c 이며 다음과 같이 선언하여 사용한다.

```
char k; /* k는 문자형 변수 */
```

**[예제 2-4] 문자형 변수를 선언하고 결과를 확인 해보자.**

프로그램

```
#include <stdio.h>
void main()
{
    char c = 'C';
    printf("char=%c \n", c);
    printf("c+10=%c \n", c+10);
```

```
    printf("c+10=%d  \n", c+10);
}
```

결 과

```
char=C
c+10=M
c+10=77(문자 M의 ASCII값)
```

실행과정 문자형 변수 c에 'C'를 입력하고 %c로 출력하면 "C"가 출력된다. c+10은 문자 'C'의 아스키 코드값이 십진수로 67이므로 c+10은 77이 된다. 이를 %c 로 출력하면 문자 'M'이 출력되고, %d로 출력하면 77이 출력되어진다.

## 4. 열거형 변수

enum(enumeration)형 변수는 열거형이라 부르며, 이는 데이터가 취할 수 있는 값을 전부 열거하므로 정의된다.

[형식] enum 변수명 {열거형 정수 리스트} 변수 리스트 ;

```
enum fruits{apple, pear, tomato, watermelon} kind ;
apple=0, pear=1, tomato=2, watermelon=3에 해당된다.
```

**[예제 2-5] 열거형 변수를 이용하여 각 변수들을 나열하여 보자.**

프로그램

```
#include <stdio.h>
void main()
{
    enum fruits{apple, pear, tomato, watermelon} kind;
    int i;
    kind=pear;
    printf("kind=%d \n", kind);
    printf("watermelon=%d \n", watermelon);
    for(i=apple; i<=watermelon; i++)
    printf("%d", i);
```

```
}
```

결 과

```
kind=1
watermelon=3
0 1 2 3
```

**[예제 2-6] sizeof() 함수를 이용하여 각 자료형이 메모리에서 차지하는 크기를 확인해보자.**

프로그램

```
#include <stdio.h>
void main()
{
    printf("char=%d byte \n", sizeof(char));
    printf("short=%d bytes \n", sizeof(short));
    printf("int=%d bytes \n", sizeof(int));
    printf("unsigned=%d bytes \n", sizeof(unsigned));
    printf("long=%d bytes \n", sizeof(long));
    printf("float=%d bytes \n", sizeof(float));
    printf("double=%d bytes \n", sizeof(double));
}
```

결 과

```
char=1 byte
short=2 bytes
int=4 bytes
unsigned=2 bytes
long=4 bytes
float=4 bytes
double=8 bytes
```

실행과정 sizeof()연산자는 자료형의 크기를 구해 준다. sizeof(char)은 1을 구한다. 비주얼 C++로 실행하면 int형과 unsigned 형의 크기는 4byte로 출력된다.

1 다음 2가지 차이점을 설명하시오.

① int i=a; ② char i= 'a' ;

2 동일한 자료형을 가지는 변수 3개를 한번에 선언하는 방법을 설명하시오.

3 다음 프로그램의 결과를 설명하시오.

```
#include <stdio.h>
void main()
{
    int x;
    x=38;
    printf("%o \t",x);
    printf("%d \t",x);
    printf("%x \t",x);
    printf("%u \t",x);
}
```

4 올바른 변수명과 옳지 않은 변수명을 골라 그 이유를 설명하시오.

skc, test12, ab123, dc_56, _park, 3two, xy#1, 12_cd, ab%13, ab cd

5 실수형 변수의 여러 가지 출력결과를 확인하여 보시오.

```
#include <stdio.h>
void main()
{
    float a=123.456789;
    printf("a = %f \n", a);
    printf("a = %10.5f \n", a);
    printf("a = %13.6f \n", a);
    printf("a = %22.7f \n", a);
}
```

Chapter 03

# 표준 입출력 함수

컴퓨터 내부에서 특정 업무 수행에 필요한 데이터를 입력받거나 처리된 결과를 출력하기 위한 함수를 입출력 함수라 한다. 개인용 컴퓨터에서 데이터 입력은 주로 키보드를 통해 이루어지며, 출력은 모니터에 나타낸다. 데이터 입력에 사용되는 키보드를 표준 입력장치라 하고, 결과 출력을 위한 모니터를 표준 출력장치라 한다.

C 언어에서는 표준 입출력 장치를 통한 데이터 입출력을 하기위한 함수를 제공하고 있으며, 표준 입력장치인 키보드를 통해서 데이터를 직접 입력받거나 표준 출력장치인 모니터상에 처리결과를 출력하는 기능을 수행하는 함수를 표준 입출력 함수라 한다.

표준 입출력 함수에는 printf(), scanf(), putchar(), getchar(), puts(), gets()등과 같은 함수들이 있다. 이와 같은 표준 입출력 함수들을 사용하기 위해서는 이들 함수가 정의되어 있는 <stdio.h>라는 헤더 파일을 프로그램 첫머리에 포함하여야 한다. 즉, 사용자가 작성하는 main() 함수에서 표준 입출력 함수를 사용하기 위해서는 main() 함수 위에 #include <stdio.h>라고 적어야 한다.

## 3.1 형식지정 입출력 함수

### 1. printf() 함수

printf() 함수는 숫자, 문자, 문자열 등의 자료를 원하는 출력형식에 맞추어 화면에 출력하기 위한 함수로서 일반 형식은 다음과 같다.

```
[형식] printf ("형식 지정 문자열", 인수 리스트) ;
       printf (" a = %d , b = %d \n", a, b );
```

인수리스트의 값을 "형식지정문자열" 형식으로 화면에 출력하라는 의미로 %나 \가 붙은 문자는 특별한 의미를 수행하며, 그 외의 문자는 화면에 그대로 출력한다. 즉, 위의 예에서 변수 a, b의 값을 a는 첫번째 %d자리에 b는 두 번째 %d 자리에 출력되며 나머지 문자는 그대로 출력된다.

■ "형식 지정 문자열"

- 화면에 출력하고자 하는 문자열을 겹따옴표 속에 적으면 그 문자열이 화면에 그대로 출력된다.
- 겹따옴표 속에 %로 시작되는 형변환 문자나 \(역슬래시)로 시작되는 제어 문자를 적으면 %나 \ 뒤에 나오는 문자에 따라 인수값을 출력하거나 제어 문자에 따른 특정기능을 수행한다.

■ 인수 리스트

- 형식 지정 문자열에 %로 시작되는 형변환 문자가 있을 때 출력하고자 하는 데이터 값이나 변수, 수식 등을 적는다.
- 형변환 문자의 개수와 인수의 개수가 동일해야 하며, 형변환 문자와 인수가 차례대로 대응되어 출력된다.

[표 3-1] 형변환 문자의 종류와 의미

| 형변환 문자 | 의 미 |
|---|---|
| %d | 부호 있는 10진수 정수 형태로 출력한다. (decimal) |
| %o | 8진수로 출력한다. (octal) |
| %x | 부호 없는 16진수 출력, x는 소문자, X는 대문자 출력(hexa) |
| %u | 부호 없는 10진수 출력한다. (unsigned) |
| %c | 한 문자로 출력한다. (single character) |
| %s | 문자열로 출력한다. (string) |
| %f | 부동소수점 수로서 출력한다. 소수점 이하 6자리 출력 |
| %e | 지수 형식으로 출력. e는 소문자를, E는 대문자를 출력한다. |
| %g | %e나 %f에 따라 자릿수가 적은 쪽으로 출력한다. |

printf() 함수나 scanf() 함수의 "형식지정 문자열"에 사용되는 형변환 문자의 종류와 의미는 표 3-1과 같다.

형변환 문자에서 출력되는 인수값들의 출력 자릿수를 지정하기 위하여 확장 기호를 사용할 수 있다. 정수형, 실수형, 문자형, 문자열 데이터의 출력 자릿수를 지정하기 위한 형변환 문자에 대한 확장 기호의 일반형식과 의미는 다음과 같다.

```
[형식] 정수형 값의 출력
       % [부호] [자릿수] 변환문자
       %-7d, %7d, %d
```

- 부　　호 : 출력 기준위치 지정, −(음) 일 때 왼쪽을 기준으로 출력
- 자 리 수 : 데이터를 출력할 자릿수 지정
- 변환문자 : 정수형으로 출력시에는 십진수는 d, 8진수는 o, 16진수는 x를 사용
  문자형으로 출력시에는 c를 사용
  문자열로 출력시에는 s를 사용

```
[형식] 실수형 값의 출력
       % [부호] [전체 자릿수] . [소수점 이하 자릿수] 변환문자
       %-9.4f, %9.4f, %f
```

- 부호 : 출력 기준위치 지정, −(음) 일 때 왼쪽을 기준으로 출력
- 전체 자릿수 : 데이터를 출력할 전체 자릿수 지정(소수점 포함)
- 소수점 이하 자릿수 : 출력할 실수 데이터의 소수점 이하 자릿수 지정
  지수형 출력일 경우 e를 포함
- 변환문자 : 부동소수형, 지수형 등의 출력형식에 따라 f 혹은 e를 사용

printf() 함수나 putchar() 함수 등의 "형식지정 문자열"에 사용되는 제어문자의 종류와 의미는 표 3-2와 같다.

[표 3-2] 제어문자의 종류와 의미

| 제어문자 | ASCII 코드 | 의 미 |
|---|---|---|
| \a | 0x07 | 벨소리 |
| \b | 0x08 | Backspace(역 지우기) |
| \f | 0x0c | Formfeed(장 넘기기) |
| \n | 0x0a | Linefeed 또는 줄 바꿈(New Line) |
| \r | 0x0d | Carriage Return(복귀) |
| \t | 0x09 | Horizontal Tab(수평 탭) |
| \\ | 0x5c | Backslash(역슬래시) 출력 |
| \' | 0x2c | Single Quote(단일 따옴표) 출력 |
| \" | 0x22 | Double Quote(이중 따옴표) 출력 |
| \? | 0x3f | Question Mark(물음표) 출력 |
| \ooo | 0ooo | 1~3자리의 8진수 출력 |
| \xhhh | 0xhhh | 1~3자리의 16진수 출력 |
| \0 | 0x00 | Null 값 |
| %% | | % 출력 |

※ o는 8진수를, 0x는 16진수를 의미한다.

**[예제 3-1] 형식지정 문자열에 형변환 문자와 제어문자를 사용하여 정수형, 실수형, 문자형, 문자열 데이터를 출력하는 프로그램이다.**

프로그램

```
#include <stdio.h>
void main()
{
```

```
    int i = 10;
    float x = 3.456;
    char a = 'F';
    printf ("C language programming !!\n");
    printf ("%d %d\n" , 23, i);
    printf ("i = %d, %o, %x\n" , i, i, i);
    printf ("%f %f\n", 1.23, x);
    printf ("%c %c\n", 'B', a);
    printf ("자릿수 지정 출력 !!\n");
    printf ("%-10d and %10d\n", i, i);
    printf ("%10.2f and %10.2e\n", x, x);
    printf ("%-5c and %5c\n", a, a);
    printf ("%10s \n", "1234567890");
}
```

**결 과**

```
C language programming !!
23␣␣␣10
i = 10, 12, a
1.230000␣␣␣3.456000
B␣␣␣F
자릿수 지정 출력 !!
10␣␣␣␣␣␣␣␣ and ␣␣␣␣␣␣␣␣10
␣␣␣␣␣␣3.46 and ␣3.46e+000
F␣␣␣␣ and ␣␣␣␣F
1234567890
```

**설 명**

%d는 십진수를 정해진 방식대로 출력하고 %10d는 10자리를 잡아서 오른쪽을 기준으로 10진수를 출력하며, 지정된 자릿수보다 출력할 숫자의 자릿수가 작으면 왼쪽이 공백으로 남는다. %-10d는 왼쪽을 기준으로 십진수 값이 출력되며, %d 대신에 %o는 8진수를 %x는 16진수를 같은 방법으로 출력한다. %f는 정해진 방식으로 실수값을 출력하며 소수점 아래 6자리까지 출력한다. %10.2f는 소수점 포함하여 전체 10자리를 출력하며 소수점 밑에 2자리까지만 왼쪽을 기준으로 출력한다. %c와 %s는 각각 문자와 문자열을 출력한다.

**[예제 3-2] printf() 함수의 형식지정 문자열에 여러 가지 제어문자를 사용하여 문자열 데이터를 출력하는 프로그램이다.**

프로그램

```
#include <stdio.h>
void main()
{
    printf ("C \t language \t programming \a !!\n");
    printf("I'm a Korean.\n");
    printf("\"I'm a Korean.\"\n");
    printf("C:\\TEMP\\TEST.C\n");
    printf("100 %% \n");
}
```

결과

```
C ␣␣␣␣ language ␣␣␣␣ programming !!
I'm a Korean.
"I'm a Korean."
C:\TEMP\TEST.C
100 %
```

설명 %와 \자체를 출력할 경우 %는 %%로 하고 \는 \\로 하여 출력한다.

**[예제 3-3] printf() 함수를 사용하여 정수형과 문자형 데이터를 출력하는 프로그램이다.**

프로그램

```
#include <stdio.h>
void main()
{
    char c1 = 'A', c2 = 'B', c3 = 'C';
    int x1 = 65, x2 = 66, x3 = 0x43;
    printf("c1 = %c, %d\n", c1, c1);
    printf("c2 = %c, %o\n", c2, c2);
    printf("c3 = %c, %x\n", c3, c3);
```

```
    printf("x1 = %c, %d \n", x1, x1);
    printf("x2 = %c, %o \n", x2, x2);
    printf("x3 = %c, %x \n", x3, x3);
}
```

결 과

```
c1 = A, 65
c2 = B, 102
c3 = C, 43
x1 = A, 65
x2 = B, 102
x3 = C, 43
```

설 명

% o나 % x를 사용하면 8진수나 16진수로 된 ASCII 코드값을 얻을 수 있다. 반대로 char 변수에 ASCII 코드값을 주고 % c를 사용하여 해당 문자로 출력할 수도 있다.

## 2. scanf() 함수

scanf() 함수는 표준 입력장치인 키보드로부터 숫자, 문자, 문자열 등을 입력형식에 맞추어 데이터를 입력받기 위한 함수로서 일반형식은 다음과 같다.

```
[형식] scanf ("형식지정 문자열", &변수 리스트);
       scanf("%d %d", &a, &b ) /* 50 20으로 입력 */
```

"형식지정 문자열"에 지정된 형식으로 키보드로부터 자료를 입력 받아 변수에 기억하는 표준 입력함수들은 <stdio.h>에 모든 정보가 있다. 위의 예에서는 첫 번째 %d에 의해서 50을 입력받아 변수 a 에 저장하고 두 번째 %d에 의해서 20을 입력받아 변수 b에 저장한다. 실수를 입력할 때는 %f, 문자를 입력할 때는 %c를 문자열을 입력할 때는 %s를 사용한다.

■ "형식지정 문자열"

- 키보드로부터 형변환 문자에 지정한 형태로 데이터를 입력받는다. 형변환

문자는 printf() 함수에서 설명한 변환 문자를 사용한다.

■ &변수 리스트

- 입력받은 데이터를 저장할 변수들을 적는다. 변수명을 반드시 적어야 하며, 변수명 앞에는 &(주소 연산자)를 붙인다.
- 형변환 문자의 개수와 변수의 개수는 동일해야 하며, 형변환 문자와 변수가 차례대로 대응되어 입력된다.

하나의 scanf() 함수를 사용하여 여러개의 데이터를 입력할 때는 형변환 문자 사이에 공백이나 콤마( , )를 적는다. 형변환 문자 사이에 공백이 있는 경우 데이터 입력시, 데이터와 데이터 사이에 공백을 입력하거나 엔터키를 누르면 된다. 형변환 문자 사이에 콤마가 있는 경우에는 데이터 입력시 데이터와 데이터 사이에 반드시 콤마를 입력하여야 한다. 즉, scanf("%d, %d", &a, &b )로 기술하면 키보드로 입력시 자료는 반드시 50, 20 으로 입력하여야 정상적으로 입력되어 진다.

### [예제 3-4] 두 정수의 합을 출력

**프로그램**

```
#include <stdio.h>
void main()
{
   int a, b, s=0;
   scanf("%d%d", &a, &b);
   s = a + b; // a = 2, b = 5
   printf("s = %d", s);
}
```

**결 과**

```
2 5 Enter↵
s = 7
```

**설 명** 숫자 입력시 %d%d는 %d %d와 같다. 입력시 숫자는 뛰어서 입력한다.

### [예제 3-5] 두 실수의 합을 출력

프로그램

```
#include <stdio.h>
void main()
{
   float a, b, s=0;
   scanf("%f%f", &a, &b);
   s = a + b; // a = 1.111111, b = 2.222222
   printf("s=%f", s);
}
```

결 과

```
1.111111 2.222222 [Enter↵]
s = 3.333333
```

설 명

숫자 입력시 %f%f는 %f %f와 같다. 입력시 숫자는 뛰어서 입력한다.

### [예제 3-6] 키보드로부터 정수형, 실수형, 문자형, 문자열 데이터를 입력받아 변수에 저장한 후 이를 화면에 출력하는 프로그램이다.

프로그램

```
#include <stdio.h>
void main()
{
   int i, j, k;
   float x;
   char a, aa[20];
   printf("데이터 입력(정수 실수 문자 문자열): ");
   scanf("%d %f %c %s", &i, &x, &a, aa);
   printf("i = %d, x = %f, a = %c, aa = %s \n", i, x, a, aa);
   printf("데이터 입력(정수, 정수, 정수): ");
   scanf("%d, %d, %d", &i, &j ,&k);
   printf("i = %d, j = %d, k = %d \n", i, j, k);
}
```

결 과

```
데이터 입력(정수 실수 문자 문자열): 12 12.345 A KOREA[Enter↵]
i = 12, x = 12.345000, a = A, aa = KOREA
데이터 입력(정수, 정수, 정수): 23, 24, 25[Enter↵]
i = 23, j = 24, k = 25
```

## [예제 3-7] scanf() 함수로 문자열 입력

프로그램

```
#include <stdio.h>
void main()
{
    char c1, c2;
    printf("Input first character: ");
    scanf("%c", &c1);
    printf("Input second character: ");
    scanf("%c", &c2);
    printf("c1 = %d %c, c2 = %d %c \n", c1, c1, c2, c2);
}
```

결 과

```
Input first character: A [Enter↵]
Input second character: c1 = 65 A, c2 = 10
```

설 명

위의 예제에서 A를 입력하고 [Enter↵] 키를 누르면 그 다음 문자는 입력할 틈도 없이 바로 출력이 되는 것을 알 수 있는데, 이는 입력한 문자 A가 첫 번째 scanf() 함수에서 읽혀 들어가고 [Enter↵]키는 버퍼에 남아 있어 두 번째 scanf() 함수가 버퍼에 있는 [Enter↵]키를 바로 읽어가기 때문이다. 즉, 첫 번째 scanf() 함수가 문자 A를 읽어간 후 두 번째 scanf() 함수는 키보드에서 데이터를 읽어가기 전에 버퍼를 조사하여 버퍼에 데이터가 있으면 버퍼에 있는 데이터를 읽어가고, 버퍼에 데이터가 없을 경우에만 키보드로부터 데이터를 받아들인다. 그래서 c1은 ' A' 를, c2는 ' \n' 을 (즉 [Enter↵]키의 문자) 값으로 갖게 된 것이다. 두 개의 문자를 입력받기 위해서는 첫 번째 scanf() 함수에서 문자 1개를 입력받은 후 두 번째 문자 입력을 위한 scanf() 함수 앞에 getchar() 함수를 추가하여 버퍼에 남아있는 [Enter↵]키 문자를 읽어오면 버퍼가 비어져 두 번째 scanf() 함수에서 새로운 문자를 입력받을 수 있다.

Quiz 3-1 2개의 정수 데이터를 입력하여 사칙연산 수행

키보드로부터 10진수 정수 데이터 2개를 입력받아 저장한 후 이들 정수의 덧셈, 뺄셈, 곱셈, 나눗셈을 수행하여 그 결과를 출력하는 프로그램을 작성하시오.

Quiz 3-2 정수 데이터 입출력

키보드로부터 10진수 정수 데이터 1개를 입력받아 입력된 정수를 10진수, 16진수, 8진수 형태로 출력하는 프로그램을 작성하시오.

Quiz 3-3 printf() 함수를 이용한 양식 출력

printf() 함수를 이용하여 다음과 같은 양식을 출력하는 프로그램을 작성하시오.

| 번 호 | 이 름 | 국 어 | 영 어 | 수 학 |
|---|---|---|---|---|
| 1 | 이한수 | 98 | 100 | 81 |
| 2 | 강다음 | 96 | 95 | 74 |
| 3 | 박영욱 | 94 | 80 | 97 |
| 4 | 김재인 | 87 | 69 | 88 |
| 5 | 최신호 | 88 | 85 | 93 |

# 3.2 단일 문자 입출력 함수

단일문자 입출력 함수는 문자 1개를 표준 입력장치로부터 읽어들이거나 표준 출력장치로 출력하는 기능을 수행하는 함수로서 getchar(), putchar()가 있다.

## 1. getchar() 함수

getchar() 함수는 'get a character'의 약어로서 표준 입력 장치인 키보드로부터 문

자 1개를 읽어들이는 함수로서 <stdio.h> 헤더파일에서 정의되어 있으며, 일반적인 사용 형식은 다음과 같다.

[형식] getchar ( ) ;

- 키보드로부터 문자 1개를 읽어들인다.
- 키보드에서 문자 입력 후 Enter↵ 키를 눌러야만 첫 번째 문자 1개를 내부 메모리로 가져온다.
- 키보드에서 여러개의 문자를 입력한 경우 첫 번째 문자만 가져오고, 나머지 문자는 버퍼에 저장되어 있으며, 다음 getchar() 함수 실행시에 자동 입력된다.
  (버퍼형 콘솔 입력 함수)

단일 문자의 입력은 getchar() 함수나 scanf() 함수를 이용하여 모두 입력할 수 있다. scanf() 함수는 여러 개의 문자를 한번에 읽어들이는 경우에 편리하며, getchar() 함수는 한 문자씩 여러 번 반복해서 읽어들이는 경우에 수행 속도가 빠른 장점이 있다.

## 2. putchar() 함수

putchar() 함수는 'put a character'의 약어로서 표준 출력 장치인 모니터 화면에 문자 1개를 출력하는 함수로서 일반적인 사용 형식은 다음과 같다.

[형식] putchar (인수) ;

- 모니터 화면에 문자 1개를 출력한다.
- 인수는 문자형 상수, 문자형 변수, 정수형 상수, 정수형 변수, 수식 등을 사용할 수 있으며, 정수형을 인수로 사용할 경우 그 정수의 ASCII 코드값에 해당하는 문자가 출력된다.

**[예제 3-8] getchar() 함수를 이용하여 두 개의 단일 문자를 입력받고 이를 다시 출력하는 프로그램이다.**

프로그램

```
#include <stdio.h>
void main()
{
   int c1, c2; /* char c1, c2; 라고 선언해도 된다. */
   printf("Input first character: ");
   c1=getchar();
   getchar(); /* Enter 키 입력 */
   printf("Input second character: ");
   c2=getchar();
   getchar();    /* Enter 키 입력, 생략 가능 */
   printf("c1 = %d, c2 = %d \n", c1, c2);
}
```

결 과

```
Input first character : A Enter↵
Input second character : B Enter↵
c1 = 65, c2 = 66
```

설 명 buffer를 비우는 작업이 필요하며 getchar()로 처리 할 수 있다.

**[예제 3-9] getchar() 함수를 이용하여 문자 1개를 입력받고, 입력받은 문자를 putchar() 함수를 이용하여 출력하는 프로그램이다.**

프로그램

```
#include <stdio.h>
void main()
{
   int c;
   printf("문자 입력: ");
   c=getchar();
   printf("입력된 문자 출력: ");
```

```
    putchar(c);
}
```

결 과

```
문자 입력: 5 Enter↵
입력된 문자 출력: 5
```

**[예제 3-10] getchar() 함수를 이용하여 키보드로부터 문자를 입력받고, 입력된 문자의 ASCII 코드값을 출력하는 프로그램이다.**

프로그램

```
#include <stdio.h>
void main()
{
    int ch;
    printf("문자를 입력하시오: ");
    ch=getchar();
    printf("문자 %c의 ASCII 코드값은 %d(10진수), %x(16진수) 이다.", ch, ch, ch);
}
```

결 과

```
문자를 입력하시오: A Enter↵
문자 A의 ASCII 코드값은 65(10진수), 41(16진수) 이다.
```

Quiz 3-4 putchar() 함수를 이용한 문자 출력

putchar() 함수를 이용하여 ASCII 코드값 21(16진수)부터 2F(16진수)까지의 ASCII 문자를 출력하는 프로그램을 작성하시오.

Quiz 3-5 영문 소문자를 대문자로 변환

getchar() 함수를 이용하여 키보드로부터 영문 소문자를 입력받아 입력받은 영문자의 대문자를 putchar() 함수를 이용하여 출력하는 프로그램을 작성하시오.

## 3.3 문자열 입출력 함수

C 언어에는 문자열을 입출력 하기 위한 함수로 scanf() 함수와 printf() 함수 외에 문자열만 입출력 할 수 있는 함수가 있다. 문자열 입출력 함수는 문자열을 표준 입력장치로부터 읽어들이거나 표준 출력장치로 출력하는 기능을 수행하는 함수로서 gets() 함수와 puts() 함수 등이 있다.

### 1. gets() 함수

gets() 함수는 'get a string'의 약어로서 표준 입력장치인 키보드로부터 문자열을 읽어들이는 함수이다. scanf() 함수에서도 문자열 데이터를 입력할 수 있지만 공백을 포함하는 문자열 데이터는 입력할 수 없다. 그러나, gets() 함수는 공백문자를 포함하는 문자열 데이터를 입력할 수 있다. gets() 함수의 일반형식은 다음과 같다.

[형식] gets () ;

- 키보드로부터 문자열을 읽어들인다.
- 키보드에서 문자열을 입력한 후 Enter↵키를 누르면 입력한 문자열을 내부 메모리로 가져온다. Enter↵키는 저장되지 않고, 대신 문자열 마지막에 문자열 데이터의 끝을 의미하는 NULL 문자('\0')가 자동입력 된다.

### 2. puts() 함수

puts() 함수는 'put a string'의 약어로서 표준 출력장치인 모니터로부터 문자열을 출력하는 함수이다. puts() 함수는 printf() 함수와 달리 하나의 문자열을 모니터 화면에 출력한 후 자동으로 줄바꿈을 행한다.

즉, printf() 함수에서는 하나의 문자열을 출력한 후 줄바꿈을 행하기 위해서 겹따옴표 속에 \n 제어문자를 적어야 한다. 그러나 puts() 함수는 겹따옴표 속에 \n

제어문자를 적지 않아도 하나의 문자열을 모니터 화면에 출력 한 후에 자동으로 줄바꿈이 일어난다. puts() 함수의 일반 형식은 다음과 같다.

[형식] puts ( 인수 ) ;

- 모니터 화면에 문자열을 출력한다.
- 인수 : 문자열 상수, 문자형 배열 등을 사용할 수 있으며, 문자열이 저장된 시작 위치에서부터 한 문자씩 계속 출력한다. 출력 중에 NULL 문자('\0')를 만나면 출력을 중지하고 자동 줄바꿈을 수행한다.

**[예제 3-11] gets() 함수와 puts() 함수를 이용하여 문자열을 입출력하는 프로그램이다.**

프로그램

```
#include <stdio.h>
void main()
{
   char ar[128];
   printf("문자열을 입력하시오: ");
   gets(ar);
   printf("입력한 문자열 출력: ");
   puts(ar);
}
```

결 과

```
문자열을 입력하시오: C language programming [Enter↵]
입력한 문자 출력: C language programming
```

설 명

scanf로 문자열 입력시에는 공백이나 tab키 까지를 문자열로 인식해버린다.

**[예제 3-12] scanf() 함수와 gets() 함수를 이용하여 문자열을 입력하는 프로그램으로 두 함수의 입력 방식의 차이를 확인할 수 있다. scanf() 함수는 문자열 입력시 공백문자를 입력할 수 없다.**

프로그램

```
#include <stdio.h>
void main()
{
    char ar[128], br[128];
    printf("gets() 함수 문자열 입력: ");
    gets(ar);
    printf("gets() 함수로 입력한 문자열 출력: %s \n", ar);
    printf("scanf() 함수 문자열 입력: ");
    scanf("%s", br);
    printf("scanf() 함수로 입력한 문자열 출력: %s \n", br);
}
```

결 과

```
gets() 함수 문자열 입력: World wide web [Enter↵]
gets() 함수로 입력한 문자열 출력: World wide web
scanf() 함수 문자열 입력: World wide web [Enter↵]
scanf() 함수로 입력한 문자열 출력: World
```

**[예제 3-13] printf() 함수와 puts() 함수를 이용하여 문자열을 출력하는 프로그램으로 두 함수의 출력 방식의 차이를 확인할 수 있다. puts() 함수는 문자열 출력시 자동으로 줄바꿈을 행한다.**

프로그램

```
#include <stdio.h>
void main()
{
    char ar[ ] = "C language programming ";
    printf("printf() 함수 문자열 출력: \n");
    printf("%s", ar);
    printf("%s \n", ar);
    printf("puts() 함수 문자열 출력: \n");
```

```
    puts(ar);
    puts(ar);
}
```

결 과

```
printf() 함수 문자열 출력:
C language programming C language programming
puts() 함수 문자열 출력:
C language programming
C language programming
```

Quiz 3-6 gets(), puts() 함수를 이용한 문자열 입출력

gets() 함수를 이용하여 본인의 이름과 주소, 전화번호를 각각 입력받고, 입력받은 이름과 주소, 전화번호를 puts() 함수를 이용하여 출력하는 프로그램을 작성하시오.

Quiz 3-7 영문 대소문자 변환

gets() 함수를 이용하여 영문 소문자의 문자열을 입력받아 대문자로 바꾸어 출력하는 프로그램을 작성하시오.

1 국어, 영어, 수학, 과학, 사회의 5개 과목 성적을 입력받고, 이의 총점과 평균을 계산하여 출력하는 순서도와 프로그램을 작성하시오.

2 다음 수식을 C 언어 프로그램으로 작성하여 결과를 출력하시오.

x 초기값: 50, y 초기값: 30

x * (y - 25) x * (x+y)

3 다음 보기와 같이 원과 사각형의 면적을 계산하는 프로그램을 작성하시오.

〈보기〉 입력 : 도형선택(원의 면적: 1, 사각형면적: 2): 2 [Enter↵]

입력 : 사각형 면적 계산(가로(m) 세로(m) 길이 입력): 4 8 [Enter↵]

출력 : 입력한 사각형의 면적은 32 평방미터입니다.

4 gets() 함수를 이용하여 아래의 3개의 문자열을 각각 입력받은 후 출력하는 프로그램을 작성하시오.

입력 : C language programing [Enter↵]

World Wide Web [Enter↵]

Have nice day ! [Enter↵]

출력 : C language programing

World Wide Web

Have nice day !

5 scanf() 함수를 이용하여 아래의 3개의 문자열을 각각 입력받은 후 출력하는 프로그램을 작성하시오.

입력 : Have [Enter↵]

nice [Enter↵]

day [Enter↵]

출력 : Have nice day

## 연습문제

6 printf() 함수를 사용하여 아래와 같이 출력하는 프로그램을 작성하시오.

```
A
A   B
A   B   C
A   B   C   D
```

7 상품을 구입한 사람의 구매 상품의 개수 및 단가를 입력받아서 총 구매금액을 계산하여 출력하는 프로그램을 작성하시오.

```
이름 : Hong Gil Dong [Enter↵]
개수 : 5 [Enter↵]
단가 : 3000 [Enter↵]
Hong Gil Dong의 총 구매금액: 15000원
```

Chapter 04

# 일반 연산자

이 장에서는 일반적으로 수학식에서 사용하는 연산자들의 종류와 C 언어에서의 표현 방법을 익히고, 이러한 연산자들이 동시에 존재할 경우 연산 순위에 대해 예제를 통하여 익힌다. 다음 장에서는 그 외의 다양한 연산자들의 종류와 특성을 익히도록 한다.

우선 C 언어에서 제공하는 연산자의 종류들을 열거하면 다음과 같다.

(1) 산술 연산자 (arithmetic operator) : +, −, *, /, %

(2) 관계 연산자 (relational operator) : <, <=, ==, >=, >, !=

(3) 논리 연산자 (logical operator) : &&, ||, !

(4) 증감 연산자 (increment & decrement operator) : ++, −−

(5) 조건 연산자 (conditional operator) : 조건식 ? 식1 : 식2 ;

(6) 대입 연산자 (assignment operator) : =, −=, *=, &= 등

(7) bit 연산자 (bitwise operator) : &, |, ^, ~, <<, >>

(8) sizeof 연산자 (sizeof operator) : sizeof

(9) 콤마 연산자 (comma operator) : ,

(10) 포인터 연산자 (pointer operator) : *, &

(11) cast 연산자 (cast operator) : (type)

(12) member 연산자 (member operator) : ., ->

또한 이러한 연산자들이 프로그램에서 사용될 때 결합규칙에 대한 우선 순위는 다음과 같다.

[표 4-1] 연산자 우선순위

<table>
<tr><th>연산순위</th><th>연산자</th><th>결합순서</th></tr>
<tr><td>1</td><td>() [] -> .</td><td>→</td></tr>
<tr><td>2</td><td>! ~ ++ -- - + (형명) * & sizeof</td><td>←</td></tr>
<tr><td>3</td><td>* / %</td><td>→</td></tr>
<tr><td>4</td><td>+ -</td><td>→</td></tr>
<tr><td>5</td><td><< >></td><td>→</td></tr>
<tr><td>6</td><td><<= >>=</td><td>→</td></tr>
<tr><td>7</td><td>== !=</td><td>→</td></tr>
<tr><td>8</td><td>&</td><td>→</td></tr>
<tr><td>9</td><td>^</td><td>→</td></tr>
<tr><td>10</td><td>|</td><td>→</td></tr>
<tr><td>11</td><td>&&</td><td>→</td></tr>
<tr><td>12</td><td>||</td><td>→</td></tr>
<tr><td>13</td><td>? :</td><td>←</td></tr>
<tr><td>14</td><td>= += -= *= /= %= &= ^= |= <<= >>=</td><td>←</td></tr>
<tr><td>15</td><td>,</td><td>→</td></tr>
</table>

## 4.1 산술연산자

수학식에 있어 덧셈, 뺄셈, 곱셈, 나눗셈, 나머지 등을 계산하는 것과 같이 산술적 처리를 수행하기 위한 연산자를 C 언어에서는 산술연산자라 하고, 이는 +, -, *, /, % 등이 있으며, 오퍼랜드의 개수에 따라 단항 연산자 및 이항연산자로 구분된다.

즉 단항연산자는 오퍼랜드가 1개이고, 이항연산자는 오퍼랜드가 2개가 있는 것을 말한다. 이러한 산술연산자 의미는 표 4-2와 같다.

[표 4-2] 산술연산자의 우선순위

| 연산자 | 의 미 | 우선순위 |
|---|---|---|
| 부호(−) | 음의 부호 | 1 |
| + | 덧셈 | 3 |
| − | 뺄셈 | 3 |
| * | 곱셈 | 2 |
| / | 나눗셈 | 2 |
| % | 나머지 | 2 |

• 부호(-) 연산자 : 어떠한 값의 부호를 지정하는데 사용.

예를 들어

```
int a = 10;
a = -a;
```

라 하면 a에는 -10이 저장 된다.

• 이항 연산자 : 수학에서의 덧셈, 뺄셈, 곱셈, 나눗셈과 나머지를 구하는 잉여 연산자들을 말한다.

예를 들어 나눗셈에 있어 몫만을 구하기 원한다면

```
int a;
a =10 / 3;
```

와 같이하면 된다. 위의 예에서 변수 a는 정수형으로 선언되어 있어 a에는 나누기의 몫만 저장되고 나머지는 무시된다. 또한 나머지만을 구한다면

```
a =10 % 3;
```

와 같이 '%' 연산자를 이용하면 된다. 즉, 나머지만을 취하기 위해서는 '%' 연산자를 이용하면 된다. 이때 주의하여야 할 것은 젯수와 피젯수는 정수이어야 하고, 그렇지 않을 경우는 에러를 발생한다. 또한 산술연산에 있어 연산순위를 결정하고자 할 때는 항상 괄호를 사용하여야 한다. 괄호를 사용하지 않은 경우에는 표 4-1의 우선순위에 따라 결정되고, 우선순위가 동일한 경우는 왼쪽에서 오른쪽으로 연산이 수행됨에 주의하기 바란다. 구체적인 산술 연산자의 사용방법을 다음의 예를 통하여 알아보자.

**[예] 나눗셈에서 /연산자는 다음과 같은 결과를 갖는다.**

int a;

a = 7 / 3; 두 수가 모두 정수형으로 나누기의 몫만 저장 하며 2가 된다

a = 7 % 3; %는 나머지를 구하며 1이 된다. 두 수 모두 정수라야 한다.

float a;

a = 7.0 / 3.0; 두 수중 하나라도 실수값이면 /는 정확한 나눗셈의 결과를 구하게 된다.

**[예제 4-1] 단항 및 이항 연산자를 이용하여 연산결과의 값을 출력한다.**

프로그램

```
#include <stdio.h>
void main()
{
    printf("5 * 2 = %d\n", 5 * 2);
    printf("5 / 2 = %d\n", 5 / 2);
    printf("5 + 2 = %d\n", 5 + 2);
    printf("5 % 2 = %d\n", 5 % 2);
    printf("5.5 * 2.0 = %5.4f\n", 5.5 * 2.0);
    printf("5.5 / 2.0 = %5.4f\n", 5.5 / 2.0);
    printf("5.5 + 2.0 = %5.4f\n", 5.5 + 2.0);
    printf("5.5 - 2.0 = %5.4f\n", 5.5 - 2.0);
}
```

결 과

```
5 * 2 = 10
```

```
5 / 2 = 2
5 + 2 = 7
5 % 2 = 1
5.5 * 2.0 = 11.0000
5.5 / 2.0 = 2.7500
5.5 + 2.0 = 7.5000
5.5 - 2.0 = 3.5000
```

위의 예제에 있어 특이한 것은 출력문에 있어 %d, %f를 사용함으로써 출력값이 서로 다르다는 것이다. 또한 위의 예에서 “5/2”를 “5.0/2.0”로 하면 에러를 발생하므로 주의를 요한다.

Quiz 4-1 다음 산술식의 연산 결과 값은 얼마인가 ?

```
 3 + 5 * 6 ÷ 2
(3 + 5) * 6 ÷ 2
3 - (5 ÷6) * 2
```

Quiz 4-2 다음 변수 x, y, z의 값은 각각 얼마인가 ?

```
int x = 2, y, z;
   x *= 3 + 2;
   x *= y = z= 6;
   x += z;
```

Quiz 4-3 위의 퀴즈를 프로그램으로 작성하여 결과 값을 비교하여 보아라.

## 4.2 대입 연산자

대입 연산자는 우변 수식의 값을 좌변의 변수에 대입하는 연산자를 말한다. 이때 좌변값은 각종변수, 배열요소, 구조체 멤버, 포인터의 대상체 등이 될 수 있다. 이처럼 C 언어에서 "=" 는 수학에서의 좌변과 우변이 "동등"하다는 개념이 아니고, 우변의 값을 좌변의 변수에 대입한다는 "대입"의 개념을 갖고 있다. 따라서 대입연산자는 우변의 결과를 좌변의 변수에 대입하도록 사용되는 연산자이다. 대입 연산자의 의미를 살펴보면 다음과 같다.

[표 4-3] 대입 연산자의 사용법

| 연 산 자 | 예 (단,int x=10, y=15;) | 결과 |
|---|---|---|
| = | x = y | x = 15 |
| += | x += y ( x = x + y ) | x = 25 |
| −= | x −= y ( x = x - y ) | x = -5 |
| *= | x *= y ( x = x * y ) | x = 150 |
| /= | x /= y ( x = x / y ) | x = 0 |
| %= | x %= y ( x = x % y ) | x = 10 |

**[예제 4-2] 대입 연산자를 이용하여 사칙연산 프로그램**

프로그램

```
#include <stdio.h>
void main()
{
   int x, y, z;
   x = y = z = 20;
   x -= y += z; printf("x=%d y=%d z=%d \n", x, y, z);
   z *= x += y; printf("x=%d y=%d z=%d \n", x, y, z);
}
```

결 과

```
x= -20 y= 40 z= 20
x= 20 y= 40 z= 400
```

설 명

x -= y 는 x = x-y와 같다.

## 4.3 관계연산자

관계 연산자는 두 개의 수식 또는 변수간의 대소 관계를 비교하는 연산자로서, 계산 결과가 참이면 '1', 거짓이면 '0'을 나타낸다. 특히 C 언어에서 0은 거짓을 의미하며, 0이 아닌 모든 수는 참을 의미한다. 이 연산자는 조건문 등에 사용되어 그 결과의 논리값으로 프로그램 흐름을 변경할 수 있으며, 형식은 다음과 같다.

| 연산자 | 의미 | 우선순위 |
|---|---|---|
| a < b | a는 b보다 작다. | 1 |
| a <= b | a는 b보다 작거나 같다. | 1 |
| a == b | a는 b와 같다. | 2 |
| a >= b | a는 b보다 크거나 같다. | 1 |
| a > b | a는 b보다 크다. | 1 |
| a != b | a는 b와 같지 않다. | 2 |

또한, 우선순위가 동일한 관계연산자가 2개 이상 사용될 경우 연산순위는 왼쪽에서 오른쪽으로 된다. 예를 들어

```
i = (3 < 2 > 5)
```

인 경우 i는 0을 취하게 된다. 이는 "3<2"의 관계연산을 수행하면 0이 되고, 다음으로 "0>5"의 관계연산을 수행하면 0이 된다.

## [예제 4-3] 짝수를 판별하는 프로그램

프로그램

```
#include <stdio.h>
void main()
{
    int a;
    scanf("%d", &a);
    if ( (a % 2) == 0 ) printf(" 짝수");
    else printf(" 홀수");
}
```

결 과

```
4 Enter↵ // 변수 a에 4를 입력하면
짝수
```

설 명

if( !(a%2) ) printf(" 짝수"); else printf(" 홀수");로 바꾸어 실행 해본다.

## [예제 4-4] 3의 배수를 판별하는 프로그램

프로그램

```
#include <stdio.h>
void main()
{
 int a;
 scanf("%d", &a);
 if ( (a % 3) == 0 ) printf("3의 배수");
 else printf("3의 배수가 아님");
}
```

결 과

```
6 Enter↵ // 변수 a에 6을 입력하면
3의 배수
```

설 명

if ( a % 3 ) printf("3의 배수가 아님"); else printf(" 3의 배수");로 바꾸어 실행해 본다.

**[예제 4-5] 관계연산자를 이용하여 조건문에서 그 결과값을 출력한다.**

프로그램

```
#include <stdio.h>
void main()
{
   int i;
   i=(2 == 3); printf("The result 2 == 3 is %d \n",i);
   i=(2 < 3); printf("The result 2 < 3 is %d \n",i);
   i=(2 > 3); printf("The result 2 > 3 is %d \n",i);
   i=(2 >= 3); printf("The result 2 >= 3 is %d \n",i);
   i=(2 <= 3); printf("The result 2 <= 3 is %d \n",i);
   i=(2 != 3); printf("The result 2 != 3 is %d \n",i);
}
```

결 과

```
The result 2 == 3 is 0
The result 2 < 3 is 1
The result 2 > 3 is 0
The result 2 >= 3 is 0
The result 2 <= 3 is 1
The result 2 != 3 is 1
```

## 4.4 논리 연산자

논리 연산자는 복수의 조건을 결합하여 동시의 조건을 검증할 때 사용되는 연산자이다. 이 연산자는 논리곱, 논리합 또는 부정 등을 포함하고 있으며, 결과 값은 계산에서 거짓이면 값이 '0'이 되고, 참이면 '1'이 된다. 또한 '0'이 아닌 모든 경우의 수는 참으로 간주한다. 또한 이 연산자는 관계연산자와 결합되어 사용될 때 우선순위는 관계연산자가 우선이지만 논리 부정 연산자만은 관계 연산자보다 우선 순위가 높음에 주의하기 바란다.

예를 들어 식1과 식2가 참, 거짓을 나타내는 명제라고 할 때 논리연산에 대한 값은 표 4-4와 같다.

[표 4-4] 논리연산자의 진리표

| 연산자 | 논리곱(AND) | 논리합(OR) | 부정(NOT) |
|---|---|---|---|
| X Y | X && Y | X ¦¦ Y | ! X |
| 0 0 | 0 | 0 | 1 |
| 0 1 | 0 | 1 | 1 |
| 1 0 | 0 | 1 | 0 |
| 1 1 | 1 | 1 | 0 |

다음의 예제를 통하여 논리연산자의 의미를 배워보자.

**[예제 4-6] 논리연산자를 사용하여 그 결과를 출력하여 의미를 확인한다.**

프로그램

```
#include <stdio.h>
void main()
{
    int i=0, j=3;
    printf(" %d", i !=0 );
    printf(" %d", j ==1);
    printf(" %d", i !=0 && j / i==1);
    printf(" %d", i==0 || j / i==1);
}
```

결 과

```
0    0        0      1
```

설 명

프로그램에서 7행의 printf문에서 i !=0 && j / i = =1의 값을 출력시키고 있는데, 이때 i의 값이 0이므로 i !=0은 거짓이다. &&는 어느 한쪽이 거짓이면 연산결과가 거짓이기 때문에 결과는 거짓이 되어 0이 된다. 그런데 문제는 j / i = =1에 있다. 현재 i의 값이 0이기 때문에 j / i는 3 / 0이 되므로 0으로 나눗셈을 하게 되어 수행시 당연히 에러가 발생해야 된다. 그러나 이 경우에는 에러가 발생하지 않고 0이 출력된다. 그 이유는 좌측의 계산이 거짓이므로 &&연산일 경우 우측의 계산을 수행하지 않기 때문이다.

Quiz 4-4 다음 프로그램의 실행결과는 얼마인가 ?

```
#define PRINT(int) printf(" %d  \n", int)
#include <stdio.h>
void  main()
{
        int x, y, z;
        x = 2; y = 1; z = 0;
        x = x && y        z; PRINT(x);
        y = x        y && z; PRINT(y);
        PRINT( x        !y && z);
}
```

## 4.5 증감 연산자

증감연산자는 C 언어의 특이한 연산자로, 하나의 오퍼랜드에 1을 더하거나 뺀 값을 다시 그 오퍼랜드에 대입할 수 있는 연산자이다. 이때 오퍼랜드는 변수이고, 이 연산자는 오퍼랜드의 앞이나 뒤에 사용할 수 있으며, 그 의미는 서로 다르므로 주의를 요한다. 증가 연산자 ++와 감소 연산자 --는 단항 연산자로 피연산자의 값을 하나 증가시키거나 감소시키는 일을 하며, 두 가지 형태로 사용된다. 첫 번째 형태는 증가(감소)시킬 변수 앞에 ++(--)를 쓰는 것으로 전위형(prefix)이라 하고, 두 번째 형태는 ++(--)를 증가(감소)시킬 변수 뒤에 쓰는 것으로 후위형(postfix)이라 한다. 예를 들어

```
int a=10;
     ++a ; // a = a + 1과 같다
```

```
a++ ; // a = a + 1과 같다
```

와 같은 경우에 있어 ++a는 1을 a에 먼저 더하기 때문에 a에는 11이 되지만, a++는 이 행을 수행한 후에 a에 1의 더해지므로 a는 현재 10을 갖게된다. 증감연산자의 의미는 다음과 같다.

증감연산자의 의미
++연산자 : ++a 문장 실행 전 1증가
a++ 문장 실행 후 1증가

--연산자 : --a 문장 실행 전 1감소
a-- 문장 실행 후 1감소

**[예제 4-7] 증감연산자를 이용하여 오퍼랜드의 결과 값들을 출력한다.**

프로그램

```
#include <stdio.h>
void main()
{
    int a=5;
    printf("++a = %d \n",++a);
    printf("--a = %d \n",--a);
    printf("a++ = %d \n",a++);
    printf("a-- = %d \n",a--);
}
```

결 과

```
++a= 6
--a= 5
a++= 5
a--= 6
```

설 명

단독으로 사용하지 않고 다른 문장과 함께 사용하면 ++a는 먼저 값을 증가후에 증가한 값을 사용하며, a++는 현재 값을 먼저 사용하고 난 후에 a의 값을 증가 시킨다.

### [예제 4-8] 증감연산자를 이용하여 오퍼랜드의 결과 값들을 출력한다.

프로그램

```
#include <stdio.h>
void main()
{
   int a=10, b=-5;
   a = -a; printf("a = %d \n",a);
   ++a; printf("a = %d \n",a);
   b=--a + ++b;
   printf("a++=%d, ++b=%d \n",a++,++b);
   printf("a=%d, b=%d \n",a,b);
   printf("--a=%d, --b=%d \n",--a,--b);
   printf("a=%d, b=%d \n",a,b);
   printf("a++=%d, b++=%d \n",a++,b++);
   printf("a=%d, b=%d \n",a,b);
}
```

결 과

```
a = -10
a = -9
a++= -10, ++b= -13
a= -9, b= -13
--a= -10, --b= -14
a= -10, b= -14
a++= -10, b++= -14
a= -9, b= -13
```

## 4.6 조건 연산자

조건 연산자는 일명 3항(삼항) 연산자라고 하며, 오퍼랜드를 3개를 취하는 C 언어의 특이한 연산자이다. 이 연산자의 형식은 다음과 같다.

[형식] x = 조건식 ? 수식 1 : 수식 2 ;

조건식이 참이면 수식 1의 값이 x에 대입되고, 거짓이면 수식 2의 값이 x에 대입된다.

예를 들어

```
int a=8, b=9, x;
x = a > b ? a-b: a+b;
```

와 같은 프로그램에 있어 a>b 의 논리가 거짓이므로 x의 값은 17을 갖게 된다. 위의 예를 조건문으로 나타내면 다음과 같다.

```
if (a>b) x=a-b;
else x=a+b;
```

**[예제 4-9] 조건연산자에 의한 대소 판별 프로그램**

프로그램

```
#include <stdio.h>
void main()
{
    int a=10,b=20;
    printf("%d", (a>b)? a : b);
}
```

결 과

20

설 명

a>b 즉 10>20이 거짓이므로 b값인 20을 출력한다.

**[예제 4-10] 매크로 함수에 조건연산자를 이용하여 두 개의 수를 판별하는 프로그램**

프로그램

```
#define MIN(x,y) (( x < y)? x : y)
#include <stdio.h>
void main()
{
   printf("MIN = %d \n", MIN(3,10));
   printf("MIN = %d \n", MIN(-9,5));
   printf("MIN = %d \n", MIN(-3,-5));
}
```

결 과

```
MIN = 3
MIN = -9
MIN = -5
```

설 명

MIN(3,10)은 (( 3 < 10) ? 3 : 10)과 같다.

## 연습문제

1 두 정수의 합과 몫, 나머지를 구하여 출력하는 프로그램을 작성하시오.

2 다음의 예에 대한 결과 값을 계산하고, 프로그램을 작성하여 실행한 결과 값과 비교하여 보시오. 단 a의 초기치는 모두 10이라 가정한다.

```
1) -a + a++          ; a =
2) a++ + -a          ; a =
3) ++a + a + a       ; a =
4) a + a + ++a       ; a =
5) ++a +a            ; a =
6) a + ++a           ; a =
```

3 증감연산자를 이용하여 아래의 결과값을 출력하시오.

```
#include <stdio.h>
void main()
    int j, k;
    j = 5;
    k = j++;
    printf("j = %d, k = %d \n", j, k);
    k = ++j;
    printf("j = %d, k = %d \n", j, k);
    j = 5;
    k = --j;
    printf("j = %d, k = %d \n", j, k);
    j = k = 5;
    j++;
    --k;
    printf("j = %d, k = %d \n", j, k);
}
```

4 a=10, b=5일 때 x=(-a++)+(++b), y=(b--)+(++a)-a, z=a+(a/(++b))-(b/(--a))에서 a, b와 계산 결과 x, y, z를 구하는 프로그램을 작성하시오.

5 다음 프로그램의 실행 결과를 설명하시오.

```
#include <stdio.h>
    void main()
    {
        int a = 9, b = 0, c = 17;
        printf("a && b = %d \n", a && b);
        printf("a || b = %d \n", a || b);
        a *= 2;
        printf("! a = %d \n", !a);
        printf("a & c = %d \n", a & c);
        printf("a | c = %d \n", a | c);
        printf("~ a = %d \n", ~a);
    }
```

6 다음 프로그램의 실행 결과를 적으시오.

```
#include <stdio.h>
 void main()
 {
    int x = 5, y = 10, z = 15 ;
    x += y += z ;
    printf("x<y?y:x = %d  \n", x<y?y:x) ;
    printf("x<y?x++:y++ = %d  \n", x<y?x++:y++) ;
    printf("x=%d, y=%d \n",x,y) ;
    printf("z+=x<y?x++:y++ = %d  \n", (z+=x<y?x++:y++)) ;
    printf("y=%d \nz=%d \n",y,z) ;
    x = 40; y = z = 50 ;
    printf("(z>=y>=x)?1:0 = %d \n",(z>=y>=x)?1:0) ;
    printf("z>=y&&y>=x = %d \n", z>=y&&y>=x) ;
}
```

## 연습문제

7 다음 프로그램의 실행 결과를 적으시오.

```
#include <stdio.h>
void main()
{
   int a, b, c ;
   a = b =3, c = 10 ;
   a = ++b + ++c ;
   printf("\n %d %d %d", a, b, c) ;
   a = b++ + c++ ;
   printf("\n %d %d %d", a, b, c) ;
   a = ++b + c++ ;
   printf("\n %d %d %d", a, b, c) ;
   a = --b + --c ;
   printf("\n %d %d %d", a, b, c) ;
   a=++c+c;
   printf("\n %d %d %d " ,a,b,c);
   printf("\n \n");
}
```

Chapter 05

# 기타 연산자

## 5.1 비트 연산자

컴퓨터에서 데이터를 비트 단위로 처리하고자 할 때 사용하는 연산자가 비트 연산자이다. 비트 연산자는 논리 연산자와 같은 형태의 진리표에 의해 동작되는 연산자로써, 비트 대 비트로 동작한다는 점이 논리연산자와 다르다. 비트 연산자들은 문자형과 정수형에서만 사용될 수 있으며, 실수형에서는 사용될 수 없다. 비트 연산자는 컴퓨터 하드웨어를 참조하여 외부기기들을 제어할 때 이용되는 연산자로 일반 연산자로 수행한 것보다 수행속도가 빠르다.

[표 5-1] C 언어에서의 비트 연산자

| 연산자 분류 | 연산자 | 의미 |
|---|---|---|
| 비트 논리 연산자 (bitwise logical operator) | ~ | (unary) bitwise complement |
| | & | bitwise and |
| | ^ | bitwise exclusive or |
| | \| | bitwise inclusive or |
| 시프트 연산자 (shift operator) | << | left shift |
| | >> | right shift |

■ 보수(complement)의 이해

십진수에서 어떤 수의 보수는 9의 보수와 10의 보수가 있다. 9의 보수는 주어진 어떤 수의 자릿수 중에서 가장 큰 수에 얼마를 보충하면 같아지는지 보충되는 수를 말하며, 10의 보수는 주어진 수의 자릿수 보다 한자리 많은 수 중에서 가장 작은 수에 얼마를 보충하면 같아지는지 보충 되는 수를 말한다. 그러므로 10의 보수는 9의 보수에 1 더한값과 같다. 8진수에는 7의 보수와 8의 보수가 있으며, 2진수에는 1의 보수와 2의 보수가 있다. 즉 다음과 같은 예를 살펴보자.

10진수 47에 대한 9의 보수는 47이 두자릿수이며 두자리 수 중에서 가장 큰 수는 99이므로 47에 52를 보충하면 99가 된다. 이 때 보충되는 수인 52가 9의 보수이다. 또한, 10진수 47에 대한 10의 보수는 47이 두자리 수이며 세자리 수 중에서 가장 작은 수는 100이다. 47에 53을 보충하면 100이 된다. 이 때 보충되는 수인 53가 10의 보수이다. 즉 10의 보수는 9의 보수에 1 더한 수와 같다.

10진수 47에 대한 9의 보수 = 52
10의 보수 = 52 + 1 = 53

8진수 25에 대한 7의 보수 = 72
8의 보수 = 72 + 1 = 73

2진수 0011에 대한 1의 보수 = 1100
2의 보수 = 1100 + 1 = 1101

## 1. 비트 연산자

[형식] ~ : 1의 보수 연산자

이 연산자는 각각의 비트들을 반전하는 연산자로서, 음수를 구하고자할 때 사용될 수 있다. 예를 들어

~(10100000) == 01011111 이 된다.

~ 연산자는 비트 보수 연산자(bitwise complement operator) 혹은 1의 보수

연산자(one's complement operator)라고 하며, 비트 0은 1로, 1은 0으로 바꾼다. 아래의 예

```
long a = 70707;
```

위 선언문에서 a의 2진 표현 및 ~a의 비트 보수 표현은 다음과 같으며, 수식 ~a의 정수값은 -70708이다.

```
0000 0000 0000 0001 0001 0100 0011 0011
```

〈변수 a의 2진 표현〉

```
1111 1111 1111 1110 1110 1011 1100 1100
```

〈 수식 ~a의 비트 보수 표현 〉

[형식] & : 비트 AND 연산자

이 연산자는 각각의 비트들을 논리곱(AND)을 취하는 연산자로서, 어떤 특정한 비트를 '0'으로 만들기 위해 사용된다. 두 비트가 모두 1이면 연산결과는 1, 두 비트 중 하나라도 0이면 연산결과는 0이 된다.

```
(11001100) & (10001000) == 10001000
```

[형식] : 비트 OR 연산자

이 연산자는 각각의 비트들을 논리합(OR)을 취하는 연산자로 어떤 특정한 비트를 '1'로 만들기 위해 쓰인다. 두 비트 중에서 하나라도 1 이면 연산결과는 1, 두 비트 모두 0일 경우 연산결과는 0이 된다.

```
(11001111)    (10001000) == 11001111
```

[형식] ^ : 비트 XOR 연산자

이 연산자는 각각의 비트들을 배타적 논리합(XOR)을 취하는 연산자로, 두 비트가

서로 다르면 결과는 1이 되며, 서로 같으면 연산결과는 0이 된다.

(11001111) ∧ (10001000) == 01000111

따라서 이 연산자를 이용하면 변수에 반복적인 값을 저장할 수 있다.

## 2. 쉬프트 연산자

이 연산자는 각각의 비트들을 우변에 있는 피연산자에 주어진 값 만큼 비트들을 좌측(<<) 또는 우측(>>)으로 자리 이동을 한다. 이 연산자의 특징은 2의 배수로 곱해지거나(좌측시프트) 나누어지는(우측쉬프트) 특징이 있다.

[형식] << : 좌측 쉬프트 연산자
>> : 우측 쉬프트 연산자

char a = b = 00000100 즉 십진수로 4가 주어질 때

a = a << 2; a값을 왼쪽으로 2비트 이동하며 결과는 a = 00010000 가 되어 십진수로 16으로 되며, 이는 2를 4에 곱한 결과이다.

b = b >> 1; b값을 오른쪽으로 1비트 이동하며 결과는 b = 00000010가 되어 십진수로 2가 된다.

이러한 비트 연산자의 기능들을 정리하면 다음과 같다.

■ 비트연산자의 의미

x & y → x와 y를 비트별로 AND 연산

x y → x와 y를 비트별로 OR 연산

x ^ y → x와 y를 비트별로 XOR 연산

~ x → x의 각 비트를 0은 1로, 1은 0으로 연산(1의 보수)

x << 1 → x를 1비트 좌로 이동

x >> 1 → x를 1비트 우로 이동

따라서 위의 형식들을 정리하면 다음과 같다. 우선 두 개의 변수 x, y가 다음의 값을 취하고 있다고 가정하자.

```
        char x, y ;
x = 0x35(00110101);
y = 0x62(01100010);
```

이때 위의 변수들에 대해 여러가지의 비트 연산을 수행한 결과는 다음과 같다.

| | |
|---|---|
| x & y | 00100000(0x20) |
| x ¦ y | 01110111(0x77) |
| x ^ y | 01010111(0x57) |
| ~x | 11001010(0xCA) |
| x >> 1 | 00011010(0x1A) |
| x & 0x0f | 00000101(0x05) |
| x l 0x55 | 01110101(0x75) |
| x^ 0x55 | 01100000(0x60) |

다음의 예를 보자.

```
char a = 5, b=-5;
```

여기서 컴퓨터상의 메모리에 a에 들어가는 2진수의 값은 00000101로 된다. 그러면 b의 값은 어떻게 표현되어 컴퓨터 메모리 상에 저장될까? 그 해답은 2의 보수를 이용한 값이 저장된다. 2의 보수는 1에 보수를 취한 후 1을 더하면 된다. 이때 최상위 비트는 항상 '1'로 되며 이는 음수를 나타내는 부호 비트로 사용된다. 따라서 b의 값은

1의 보수 (11111010) + 1

이 되므로 최종적으로 11111011이 된다. 이때 최상위 비트가 '1'이 됨에 유의하자.

00000101 ⟶ 11111010(1의 보수) ⟶ 11111011(2의 보수)

### [예제 5-1] 비트 연산자에 의한 특정 비트의 값을 변경하는 프로그램

프로그램

```
#include <stdio.h>
void main()
{
   int x=36, y = -10;
   x = x & 0x0f ; printf("x = %d \n", x);
   x = x | 0x0f ; printf("x = %d \n", x);
   x = ~x; printf("x = %d \n", x);
   printf("x & y = %d \n", x & y);
   printf("x | y = %d \n", x | y);
   printf("x ^ y = %d \n", x ^ y);
}
```

결 과

```
x = 4
x = 15
x = -16
x & y = -16
x | y = -10
x ^ y = 6
```

### [예제 5-2] 쉬프트 연산자를 사용하여 변수의 값을 변경하는 프로그램

프로그램

```
#include <stdio.h>
void main()
{
   int x=0x05;
   x= x << 3; printf("x << 3 = %d \n", x );
   x= x >> 1 ; printf("x >> 1 = %d \n", x );
   x= x >> 2; printf("x >> 2 = %d \n", x );
   x= x << 1; printf("x << 1 = %d \n", x );
}
```

결 과

```
x << 3 = 40
x >> 1 = 20
x >> 2 = 5
x << 1 = 10
```

위의 예에 있어 변수 x의 값을 정리하여 나타내면 다음과 같다.

int x = 0 x 05 ;

| 수 식 | 2진수 표현 | x의 값 | 효 과 |
|---|---|---|---|
| x | 00000101 | 5 | |
| x << 3 | 00101000 | 40 | 5 × 23(8) |
| x >> 1 | 00010100 | 20 | 40 × 2-1(0.5) |
| x >> 2 | 00000101 | 5 | 20 × 2-2(0.25) |
| x << 1 | 00001010 | 10 | 5× 2 |

그런데 쉬프트 연산자는 2가지 제약이 있다. 즉 연산자의 오른쪽 수식 x는 음수가 아니어야 하며, 오른쪽 값이 사용되는 비트 수를 초과해서는 안 된다는 것이다.

## 5.2 비트 연산자와 mask

마스크(mask)는 다른 변수나 수식으로부터 원하는 비트들을 추출하는데 사용되는 상수나 변수이다. 예를 들어 정수 1을 마스크로 사용하면, 정수형 수식의 맨 오른쪽 비트가 무엇인지를 알 수 있다.

```
int i, mask = 1;
for (i=0; i<10; i++)
printf("%d ", i & mask);
```

위 예제 프로그램은 1에서 10까지의 수에 대한 맨 오른쪽 비트의 값을 알아내는 프로그램으로 0과 1을 번갈아 가면서 출력한다. 만약 수식에서 특정한 비트의 값을 구하고자 한다면, 구하고자 하는 비트는 1로, 그 외의 비트는 0으로 하는 마스크를 사용하면 된다.

```
(v & (1 << 2)) ? 1 : 0
```

위의 문장은 v에 있는 세 번째 비트에 값에 따라 0과 1의 값을 가진다.

```
v & 255    /*   255 == 0000 0000 1111 1111 */
```

위의 예는 v에 있는 맨 오른쪽 1 바이트의 값만 추출된다.

**[예제 5-3] 마스크를 사용하여 정수 값을 비트 단위로 프린트하는 부함수**

**프로그램**

```
#include <limits.h>
void bit_print(int a)
{
   int i;
   int n = sizeof(int) * CHAR_BIT; /* in limits.h */
   int mask = 1 << (n -1); /* mask = 10000000 00000000 */
   for (i=1; i<=n; ++i) {
       putchar(((a & mask) == 0) ? '0' : '1');
       a <<= 1;
       if (i % CHAR_BIT == 0 && i < n)
          putchar(' ');
 }
}
```

**설 명** CHAR_BIT는 표준 헤더 파일 <limits.h>에서 정의되며, char형은 8 bit라는 의미의 8의 값을 가진다. int n = sizeof(int) * CHAR_BIT에서 sizeof(int) == 2이므로 int n=16과 같다. putchar(((a & mask) == 0) ? '0' : '1');은 a와 10000000 00000000를 비트 and 하여 맨 왼쪽 비트의 값을 추출하고 그 값이 0이면 '0'을, 1이면 '1'을

출력한다. a << 1은 변수 마스크가 맨 왼쪽 비트만 1이므로 이와 마스크하기 위해 열여섯 번 1비트씩 왼쪽으로 시프트시킨다. if (i % CHAR_BIT == 0 && i < n) putchar(' ');은 1 바이트(8 비트)를 비트 단위로 출력시킨 후 바이트 구분을 위해 ' '을 출력한다.

## 5.3 sizeof 연산자

sizeof 연산자는 피연산자의 전체 바이트 크기를 알아내는 연산자로 메모리 할당이나 입출력 시스템 사이의 정보교환에 쓰인다.

**[예제 5-4] sizeof 연산자를 이용하여 변수의 크기를 구하는 프로그램**

프로그램

```
#include <stdio.h>
void main()
{
    printf(" char = %2d byte \n", sizeof(char));
    printf(" short int = %2d bytes \n", sizeof(short int));
    printf(" int = %2d bytes \n", sizeof(int));
    printf(" long int = %2d bytes \n", sizeof(long int));
    printf(" float = %2d bytes \n", sizeof(float));
    printf(" double = %2d bytes \n", sizeof(double));
    printf("long double = %2d bytes \n", sizeof(long double));
}
```

결 과

```
char=1 byte
short int=2 bytes
int=2 bytes
long int=4 bytes
float=4 bytes
```

double = 8 bytes
long double = 10 bytes

설 명 float a;로 선언 되면 sizeof( float)와 sizeof( a)는 4가 된다.
즉 4byte의 크기를 갖는다는 의미이다.

## 5.4 형 변환 연산자 (cast 연산자)

C 언어는 형 변환을 자동적으로 해 주지만 경우에 따라서는 프로그래머가 변수의 형을 일시적으로 변환시켜야 하는 경우가 발생한다. 예를 들어 어떤 함수에서 인수를 항상 정수형으로만 요구하는 경우 변수가 실수형이라면 강제적으로 정수형으로 변경하여야만 한다. 이처럼 프로그램 내부에서 피연산자나 함수의 인자로 사용될 데이터 형을 강제로 변경시키고자할 때 사용되는 연산자가 형변환 연산자이다. C 언어는 일시적으로 형을 변환할 수 있는 캐스트 연산자(cast operator)를 제공한다. 이 캐스트 연산자는 치환문의 왼쪽 변수에는 사용할 수 없으며, 캐스트 연산자의 일반 형식은 아래와 같다.

```
(type) value;
(int) 3.5, (float) a, (int) b;
```

**[예제 5-5] 형 변환 연산자를 이용한 변수의 값 변경 프로그램**

프로그램

```
#include <stdio.h>
void main()
{
    int x ; float y;
    double pi = 3.14159212345678912345678 9;
    x = (int)pi;
```

```
    y = (float)pi;
    printf(" x = %d \n y = %f \n pi = %15.13f", x, y, pi);
}
```

결 과

```
x = 3
y = 3.141592
pi = 3.141592123456789
```

**[예제 5-6] 치환문에서의 형 변환과 캐스트 연산자 형 변환과의 결과의 차이**

프로그램

```
#include <stdio.h>
void main(void)
{
    int mice1, mice2;
    mice1 = 2.9 * 4.9;
    mice2 = (int)2.9 * (int)4.9;
    printf("mice1 = %d, mice2 = %d \n", mice1, mice2);
}
```

결 과

```
mice1 = 14, mice2 = 8
```

설 명

mice1 = 2.9 * 4.9에서 14.21을 계산하여 14가 변수에 저장되고, mice2 = (int)2.9 * (int)4.9에서는 각각 정수 2와 4로 변환되어 곱한 결과 8이 된다.

# 5.5 콤마 연산자

콤마 연산자는 동등 성격 혹은 동등 자격의 오퍼랜드를 열거하는데 사용되는 연산자로 연산자 중 가장 낮은 우선 순위를 가지는 연산자이다. 이 콤마 연산자의 사용 예는 다음과 같다. 예를 들어

```
a = 1, 2, 3;
b = (1, 2, 3);
```

인 경우에 있어, a는 1을 갖지만 b는 3을 갖는다. a의 값이 1로 되는 것은 대입연산자가 콤마연산자보다 우선 순위가 높기 때문이며, b의 값이 3으로 된 것은 괄호에 의해 우선 순위가 바뀌어 괄호 안을 수행한 후 대입하기 때문이다. 즉 아래의 형식에 있어

[형식] 변수 = (수식 1, 수식 2)

일단 수식 1이 계산된 후 수식 2가 계산되며, 계산 결과는 무조건 수식 2의 값이 저장된다. 왜냐하면 콤마 연산자의 최종적인 형과 값은 맨 마지막에 계산된 수식의 결과에 따르기 때문이다. 예를 들어 (5×4, 6)의 경우 5×4를 먼저 계산한다. 그러면 20이 되는데 이는 계산만 하고, 수식 2를 보면 6이므로 계산 결과는 6이 된다.

**[예제 5-7] 콤마 연산자를 이용하여 변수의 값을 변경하는 프로그램**

프로그램

```
#include <stdio.h>
void main()
{
   int x, y;
   x = (y=10, 3, -9); printf("x = %d, y = %d\n", x, y);
   x = (1, y+=5, 5); printf("x = %d, y = %d\n", x, y);
   x = (3+5, y= 6+7, 7); printf("x = %d, y = %d\n", x, y);
}
```

결 과

```
x = -9, y = 10
x = 5, y = 15
x = 7, y = 13
```

# 5.6 기타 연산자

기타 연산자는 피연산자에 대해 어떤 연산을 수행하기보다는 단순히 피연산자를 참조하기 위해 이용되는 특별한 경우의 연산자이다. 이러한 연산자들의 피연산자는 포인터 연산자나 member 연산자 등이 있다. 이러한 기타 연산자들은 다음과 같으며 다른 장에서 설명 할 것이다.

.   : 멤버 선택(구조체, 공용체)
-> : 멤버 선택(구조체, 공용체
*  : 간접 연산자
&   : 주소(번지) 연산자

**[예제 5-8] 번지 연산자를 이용하여 변수의 주소와 값을 구하는 프로그램**

프로그램

```
void main()
{
   int x =10;
   printf(" Address of x = %X\n Value of x = %d\n", &x, x);
}
```

결 과

```
Address of x = 65FDF4
Value of x = 10
```

설 명

번지 연산자인 &는 변수 앞에 붙으며 변수의 실제 메모리 주소를 구해준다.

## 연습문제

1 키보드로부터 숫자를 입력받아 3의 배수를 구별하는 프로그램을 작성하시오.

2 임의의 정수값이 키보드로부터 입력되면 이 입력값에 대한 1의 보수와 2의 보수를 구하는 프로그램을 작성하시오.

3 임의의 숫자 1개를 입력받아 10진수, 16진수, 8진수로 변환하는 프로그램을 작성하시오.

4 형 변환(cast) 연산자를 사용하여 두 실수의 사칙 연산을 수행하여 결과값이 정수가 되도록하는 프로그램을 작성하시오.

5 키보드로 문자를 입력받아 그 문자에 해당하는 값을 ASCII code로 출력하는 프로그램을 작성하시오.

Chapter 06

# 순서도

## 6.1 알고리즘

어떤 일을 처리함에 있어서 전반적인 처리 절차를 미리 작성하여 그 단계에 따라서 일을 처리하면 편리하다. 이와 같이 알고리즘은 유한한 단계를 통해 문제를 해결하기 위한 절차나 방법이다. 주로 컴퓨터용어로 쓰이며, 컴퓨터가 어떤 일을 수행하기 위한 단계적 방법을 말하며 아래와 같은 조건을 만족해야한다.

① 명확성 : 각 연산이나 명령들은 명확한 의미를 가져야 한다.
② 효율성 : 각 연산은 원칙적으로 일정한 시간 내에 사람이 연필로 할 수 있어야 한다.
③ 입력 : 외부 입력자료가 있을 수 있다.
④ 출력 : 하나 이상의 결과가 나온다.
⑤ 종결성 : 유한번의 단계를 거친 다음에는 반드시 종결되어야 한다.

알고리즘을 활용하는 목적은 앞서도 설명하였지만 다시 요약하면 효율성의 증대, 복잡한 문제 해결 그리고 마지막으로 모듈화를 통한 재사용성이라고 하겠다.

간단한 알고리즘을 생각해보자. 컵 A에는 물, 컵 B에는 우유가 있다고 하자. 여기서 두 컵에 있는 물과 우유를 교환하여 컵 A에는 우유를 컵 B에는 물이 있게 만들어보자. 이때의 알고리즘은 다음과 같다.

아무것도 들어 있지 않은 컵 C를 가져온다.
컵 C에 컵 A에 들어 있는 물을 넣는다.
컵 A에 컵 B에 들어 있는 우유를 넣는다.
컵 B에 컵 C에 들어 있는 물을 넣는다.

이러한 예제는 프로그램에서 두개의 변수에 들어 있는 데이터를 교환할 때 사용하는 알고리즘과 동일한 것으로 이것을 C 언어로 표시하면 다음과 같다.

```
void main()
{
      int a=10, b=20, temp ;
      temp = a;
      a = b ;
      b = temp ;
      ...
}
```

그 외에도 프로그램을 함에 있어서 자료의 정렬 및 추출에도 다양한 알고리즘이 사용되며 프로그램 분야뿐만 아니라 기계의 설계, 업무추진 등에도 사용되고 있다.

## 6.2 순서도

컴퓨터로 처리하고자 하는 문제를 분석하고 그 처리 순서를 단계화하여, 상호 간의 관계를 알기 쉽게 약속된 기호와 도형을 써서 나타낸 그림이다. 다시 말해서 알고리즘을 표현하기 위해 가장 널리 사용되는 그래픽적인 방법을 순서도 (flow chart)라 한다.

두 변수의 데이터를 교환하는 알고리즘을 순서도로 나타내면 다음과 같다.

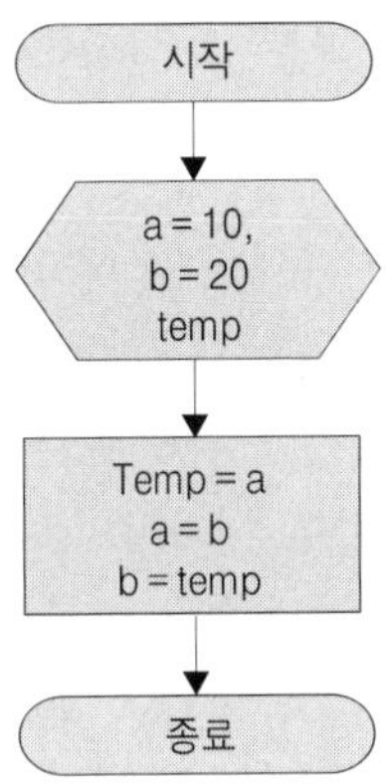


[그림 6-1] 두 변수의 데이터를 교환하는 순서도

### 1. 순서도의 역할

알고리즘의 그래픽적으로 표현한 순서도는 일의 처리 과정을 손쉽게 인식하게 해줄 뿐만 아니라 정확성 여부를 쉽게 판단할 수 있고 문제를 분석, 해석을 체계적으로 할 수 있으며 이를 통하여 브로그램의 보수 및 오류 수정이 용이하고 다른 프로그래머에게 전달이 쉽다.

### 2. 순서도의 기호와 작성 방법

순서도의 기호는 국제 표준화 기구(international standard organization(ISO))에서

정한 표준기호를 사용한다. 표 에 순서도의 기호를 나타내었다. 순서도의 작성방법은 다음과 같다.

① 표준기호를 사용하고 통일된 기호로 작성한다.

② 시작단말에서 끝단말사이에 작성한다.

→ 기호 속에 처리내용을 간단하게 적고 기호의 크기와 간격은 일정하게 유지하고 필요에 따라 주석을 달아준다.

③ 기호와 기호사이는 흐름선으로 연결하고 방향은 위에서 아래로, 왼쪽에서 오른쪽으로 그리며 흐름선이 서로 교차하지 않도록 한다.(순환구조는 예외)

④ 작업과정이 길거나 복잡하면 나누어 작성하고 연결자로 연결하거나 블록별로 나누어 작성한다.

⑤ 비교·판단 기호에서는 충족여부(YeS, No)을 반드시 기재한다.

[표 6-1] 순서도의 기호

| 기호 | 명칭 | 설명 |
|---|---|---|
| 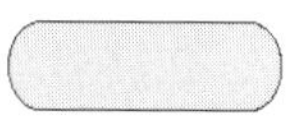 | 단말<br>(Termination) | 프로그램의 시작과 끝, 일시정지, 지연 또는 삽입을 을 의미한다. |
|  | 준비<br>(Preparation) | 사전준비과정으로 프로그램 시작 시 초기값 설정을 표시한다. |
|  | 처리<br>(Process) | 모든 처리 과정을 나타내며, 연산, 기억장소의 내용을 변화시키는 실행 내용을 표시한다. |
| 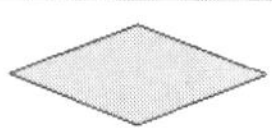 | 비교·판단<br>(Decision) | 조건을 표시하여 의 비교, 판단 여부를 표시한다. |
|  | 표준입출력<br>(Data) | 데이터의 입력과 출력을 표시한다. |
|  | 연결자<br>(On-page reference) | 순서도의 다른 부분으로 이동한다. |
| 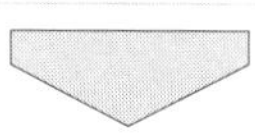 | 페이지연결자<br>(Off-page reference) | 다른 페이지의 순서도로 연결한다. |
| 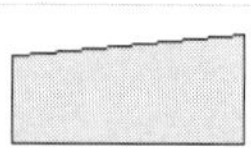 | 수동입력<br>(Manual input) | 직접 연결한다. |
|   | 흐름선<br>(Connector) | 신호의 흐름을 나타낸다. |

| 기호 | 명칭 | 설명 |
|---|---|---|
| 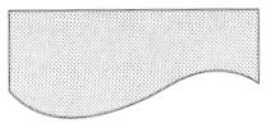 | 서류<br>(Document) | 서류나 통한 출력을 표시한다 |
| 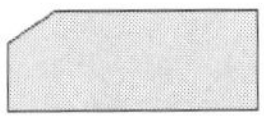 | 카드<br>(Card) | 종이카드의 입출력을 나타낸다. |
| 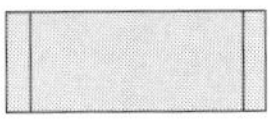 | 정의된 처리<br>(Predefined process) | 이미 다른 곳에 표현된 논리를 인용한다. |

## 6.3 순서도의 기본 구조

순서도의 구조는 크게 3가지로 구분이 된다. 각각의 예와 순서도는 5.3절에서 나타내었다.

① 직선구조
직선구조로서 순선에 따라 처리하며, 오직 하나의 입력과 하나의 출력만 갖고 있다.

② 분기구조
비교·판단 등에 의하여 분기하여 처리되는 과정을 처리하는 구조이다.

③ 반복구조
비교·판단 등의 조건에 의하여 지정된 과정을 반복하는 구조이다.

## 6.4 순서도의 작성 예

**[예제 6-1] 두 변수 A, B에 데이터를 입력 받아 합을 S에 저장하고 출력하는 프로그램의 순서도를 작성하시오.**

결 과

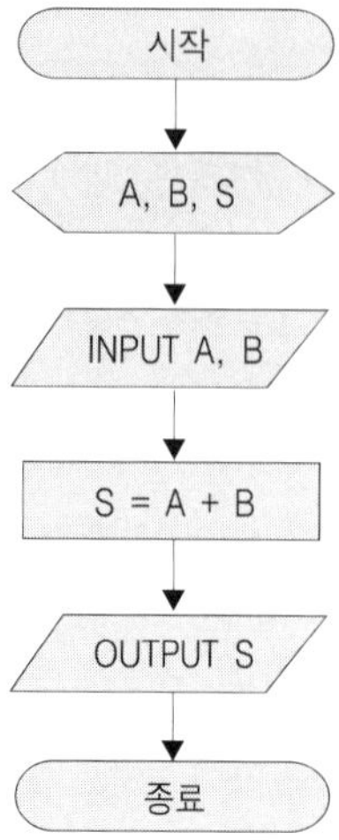


설 명 직선 구조의 순서도이다.

**[예제 6-2] 두 변수 A, B에 데이터를 입력 받아 변수 A의 값이 변수 B의 값보다 크면 합을 출력하고 그렇지 않으면 곱을 출력하는 프로그램의 순서도를 작성하시오.**

결 과

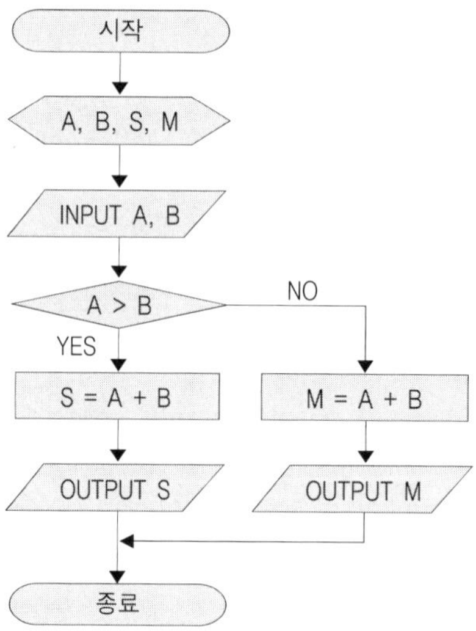


설 명 분기 구조의 순서도이다.

### [예제 6-3] 1에서부터 100까지의 합을 구하는 프로그램(반복구조)

결 과

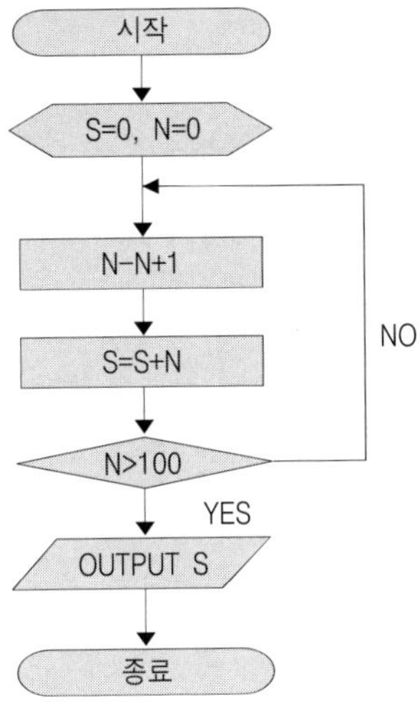


설 명 순환 구조의 순서도이다.

## 연습문제

1 1부터 100까지의 정수 중 2의 배수만 출력하는 프로그램의 순서도를 작성하시오.

2 정수 n을 입력 받아 n!를 구하는 프로그램의 순서도를 작성하시오.

3 1-2+3-4+...+99-100을 구하는 프로그램의 순서도를 작성하시오.

4 4개의 숫자를 입력받아 내림차순으로 정렬하는 프로그램의 순서도를 작성하시오.

Chapter 07

# 제어문

일반적으로 프로그램은 처음부터 순차적으로 실행되나, 경우에 따라서는 일부 문장을 반복 실행하거나, 실행순서를 변경시킬 필요가 있다. 이와 같이 프로그램의 실행순서를 변경 또는 반복시키는 명령문을 제어문(Control Statement)이라 한다. 제어문에는 선택(Selection)문, 반복(Iteration)문, 점프(Jump)문의 3가지 종류가 있다.

## 7.1 if문

if문은 조건식이 참(0이 아닌 값)과 거짓(0의 값)에 따라 프로그램의 실행흐름을 바꾸는 선택문으로 조건식이 참이면 문장을 실행하고, 거짓이면 다음으로 넘어간다. 조건이 참일 때 여러 개의 문장을 실행시키려면, 그 문장들을 {}로 묶어서 블록을 지정해야 한다. 즉, 실행할 문이 여러 개인 경우 블록을 설정하는 것이다.

```
if (조건식)
{
        A; // 문장1
}
        B; // 문장2
```

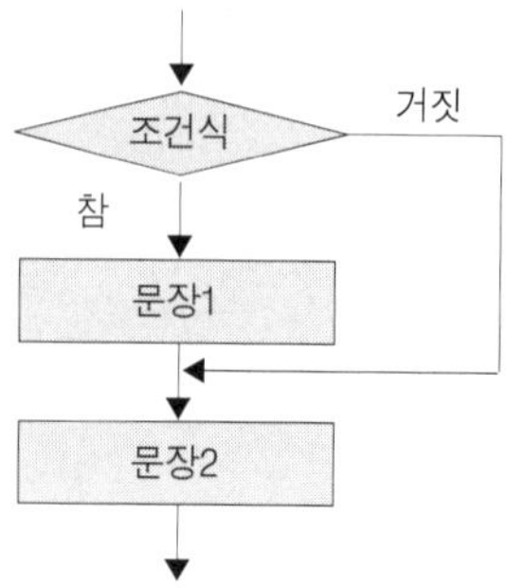


[그림 7-1] if문의 순서도

[형식1] if ( 조건식 ) 문장 1;

조건식이 참인 경우에 문장1을 실행한 후 다음 문장을 실행하며, 조건식이 거짓이면 문장1을 실행하지 않고 다음 문장을 실행한다. 즉, 다음과 같이 표현할 수 있다.

```
if( a > b) a = a + 1;
```

[형식2] if (조건식) { 문장1; 문장2 ; 등등 }

조건식이 참 일 때 실행해야 할 문장이 두개 이상이면 괄호로 묶어 블록화 한다. 아래와 같이 표현하며 괄호안의 두 문장은 조건식이 참일 때 실행되고, 조건식이 거짓이면 실행하지 않는다.

```
if ( a > b)
{
        a = a + 1;
        b = b + 1;
 }
```

**[예제 7-1] 두 정수를 입력받아 a가 b보다 크면 a에 1더한 후 두 수의 합을 구하고, 그렇지 않으면 그냥 두 수의 합을 구하여 출력 한다.**

프로그램

```
#include <stdio.h>
void main()
```

```
{
    int a, b, s=0;
    scanf("%d %d", &a, &b);
    if ( a > b) a = a + 1;
    s = a + b;
    printf(" 합 = %d\n", s);
}
```

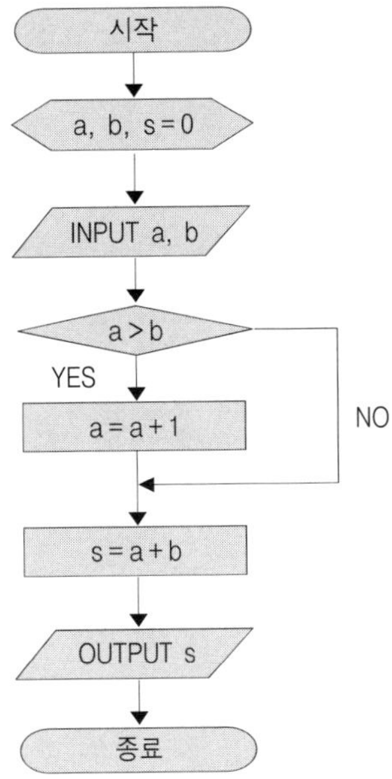


결 과

```
5 3 Enter↵
합 = 9
```

**[예제 7-2] 두 정수를 입력받아 a가 b보다 크면 a와 b에 각각 1 더한 후 두 수의 합을 구하고, 그렇지 않으면 그냥 두 수의 합을 구하여 출력 한다.**

프로그램

```
#include <stdio.h>
void main()
{
    int a, b, s=0;
    scanf("%d %d", &a, &b);
    if ( a > b) {
        a = a + 1;
        b = b + 1;
    }
    s = a + b;
    printf(" 합 = %d\n", s);
}
```

결 과

5 3 Enter↵

합 = 10

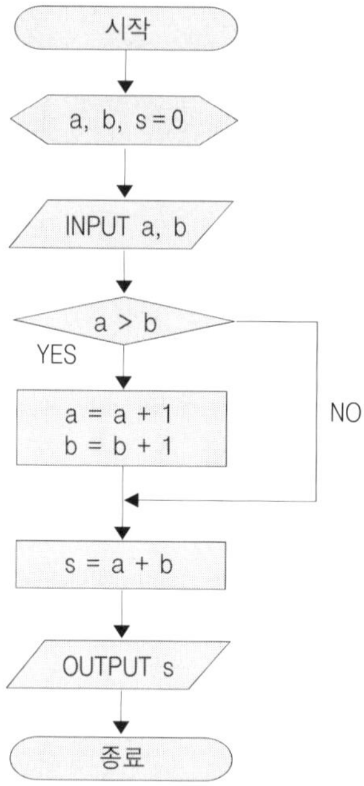


설 명

if문의 조건식이 참일때 두 문장을 실행하고, 거짓이면 두 문장 모두 실행하지 않는다.

## [예제 7-3] 아래 프로그램을 실행하시오.

프로그램

```
#include <stdio.h>
void main()
{
    int x, y;
    scanf("%d %d",&x, &y);
    if(x>y) printf("%d > %d\n", x, y);
    if(x<y) printf("%d < %d\n", x, y);
    if(x==y) printf("%d = %d\n", x, y);
}
```

결 과

20 30 Enter↵

20 < 30

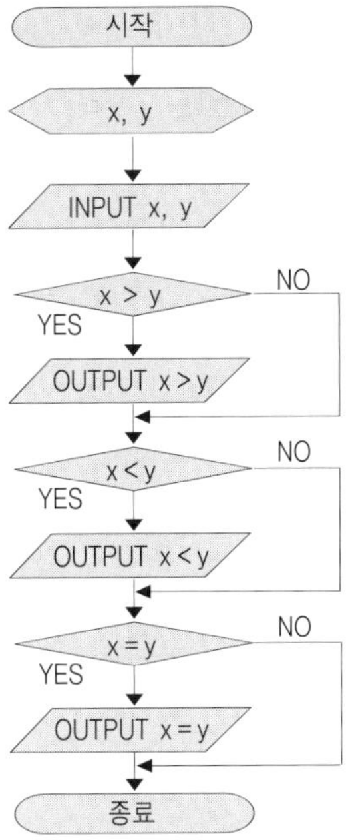


## 7.2 if ~ else문

if ~ else 문은 조건식을 판단하여 참인지 거짓인지에 따라 아래 그림에서와 같이 두 갈래로 분기되어 각각 다른 문장을 실행한 후 그 다음 문장을 수행시킬 때 사용하는 명령문으로서 그 일반형식은 다음과 같다.

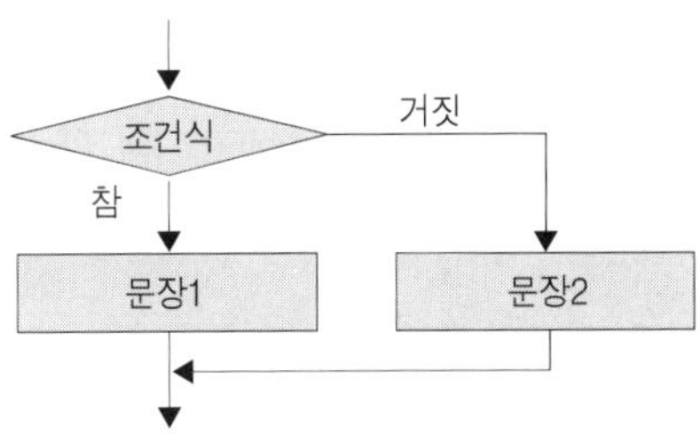


[그림 7-2] if ~ else문의 순서도

```
[형식 1]   if (조건식)  문장 1 ;  /* 조건식이 참인 경우 문장1을 실행 */
           else         문장 2 ;  /* 조건식이 거짓인 경우 문장2를 실행 */
```

조건식이 참인 경우에 문장1을 실행하고 다음 문장을, 거짓이면 else 다음의 문장 2를 실행 한다. 즉 다음과 같이 표현할 수 있다.

```
if( a > b) a = a + 1;
else b = b + 1;
```

[형식 2] if (조건식) {문장 1; 문장 2;} /* 참이면 블럭내의 문장1, 문장2 실행 */
else { 문장 3; } /* 거짓이면 문장3 실행 */

실행해야 할 문장이 두개 이상이면 괄호로 묶어 블록화 한다. 즉, 다음처럼 표현된다. 괄호안의 두 문장은 조건식이 참일 때 실행되며, 거짓이면 else 다음 문장이 실행된다.

```
if ( a > b) { a = a + 1;
    b = b + 1;
}
else { a = a - 1;
    b = b - 1;
}
```

**[예제 7-4] 각 escape 문자들을 출력문(printf)으로 출력시켜 그 결과를 확인한다.**

프로그램

```
# include <stdio.h>
void main()
{
    int x;
    scanf("%d",&x);
    if (x >=10){ /* 블럭의 시작 */
    x = x + 1 } /* 블럭의 끝 */
    else { x = x-1; }
    printf("x=%d \n",x);
}
```

결 과

20 Enter↵
x = 21

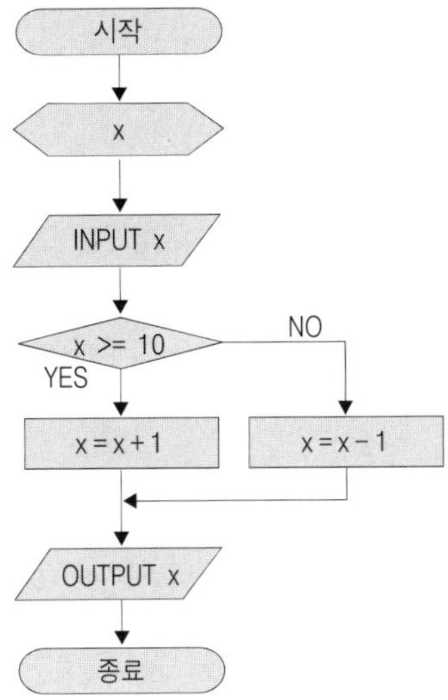


**[예제 7-5] if ~ else문을 이용한 프로그램을 실행하시오.**

프로그램

```
#include <stdio.h>
 void main()
 {
    int k;
    scanf("%d",&k);
    if (k != 5) { /* 블럭의 시작 */
         k = k + 1;
        printf("결과 =%d \n",k);
    } /* 블럭의 끝 */
        else { k = x - 1;
        printf("결과 = %d \n",k);
    }
 }
```

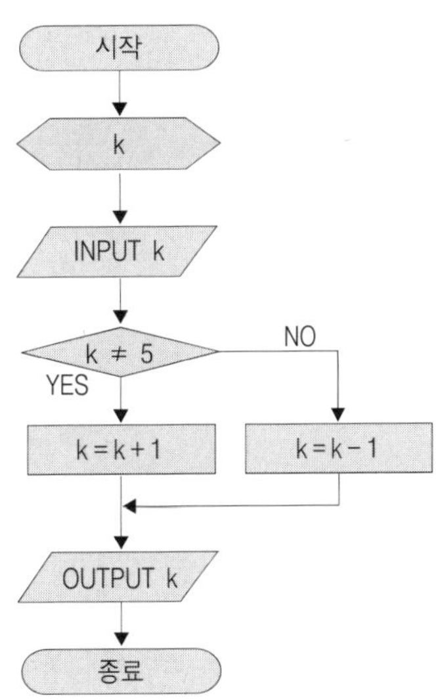


결 과

5 Enter↵
결과 = 4

**설 명** 5를 입력하면 조건식이 거짓이 되어 else 문장을 실행하고 5가 아닌 수를 입력하면 참이 되어 k = k + 1; printf("결과 =%d \n",k);를 실행한다.

## 7.3 복합 if문

if문 속에 또 다른 if문이 포함되면 여러 개의 조건식이라도 판단할 수 있는데 이러한 용도로 사용되는 if문을 복합 if문(nested if문)이라고 한다. 복합 if문의 일반 형식은 다음과 같다.

[형식 1] if (조건식1) {문장 1 ; 조건식 1을 만족할 때 문장 1을 처리}
else if(조건식2) {문장 2 ; 조건식 2를 만족할 때 문장 2를 처리}
else {문장 3 ; 위 조건식들을 만족하지 않을때 문장 3을 처리}
문장 4 ;

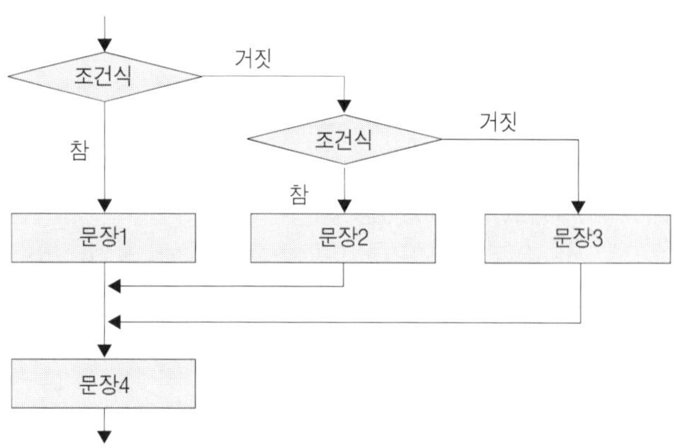


[그림 7-3] 복합 if ~ else문의 순서도

다음과 같은 단순 if문과 복합 if문의 예를 보도록 하자.

```
if (ch == 'A') printf("a"); ==> if (ch == 'A') printf("a");
if (ch == 'B') printf("b") ==> else if (ch == 'B') printf("b");
```

```
if (ch == 'C') printf("c")==> else if (ch == 'C') printf("c");
if (ch == 'D') printf("d")==> else if (ch == 'D') printf("d");
```

위의 두 if문들의 결과는 같다. 어느 것이 더 바람직한 형태인가? 보기에는 왼쪽의 코드가 더 간략해 보이지만, 왼쪽 코드는 반드시 4개의 if문을 모두 실행하여야만 한다. 그러나 오른쪽 코드는 ch의 값이 'A'이면 한번의 if문만 실행하고 끝나므로, 전체 코드의 실행 시간을 단축할 수 있고, 의미적으로도 더 명확하므로 오른쪽 코드와 같이 작성하는 편이 더 바람직하다.

**[예제 7-6] 프로그램을 실행하고 분석하시오.**

프로그램

```
#include <stdio.h>
void main()
{
   int height, base;
   float extent;
   printf("Enter the length of the base:");
   scanf("%d",&base);
   printf("Enter the length of the height:");
   scanf("%d",&height);
   if(height<=0) printf("The height is wrong.");
   else {
      extent=0.5 * base * height;
      printf("The extent of a triangle is %8.2f",extent);
   }
 }
```

결 과

```
Enter the length of the base:10 [Enter↵]
Enter the length of the height:10 [Enter↵]
The extent of a triangle is 50.00
```

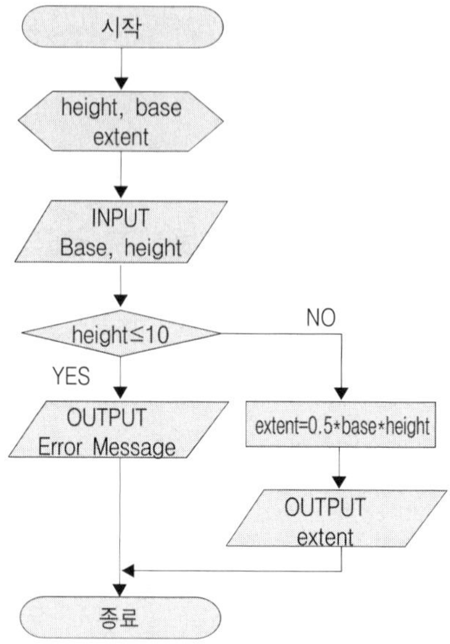


**[예제 7-7] 복합 if ~ else문을 이용한 아래 프로그램을 실행하시오.**

프로그램

```
#include <stdio.h>
void main()
 {
    int jum;
    do {
      printf("Input jumsoo (0 for stop):");
      scanf("%d",&jum);
      printf("Jumsoo : %d Hakjum:",jum);
      if(jum>=95)printf("A+\n");
      else if (jum >=90 && jum <=94) printf("A\n");
      else if (jum >=85 && jum <=89) printf("B+\n");
      else if (jum >=80 && jum <=84) printf("B\n");
      else if (jum >=75 && jum <=79) printf("C+\n");
      else if (jum >=70 && jum <=74) printf("C\n");
      else if (jum >=65 && jum <=69) printf("D+\n");
```

```
        else if (jum >=60 && jum <=64) printf("D\n");
        else if (jum >=1 && jum <=59) printf("F\n");
    }while (jum);
}
```

결 과

```
Input Jumsoo (0 for stop) : 97 Enter↵
Jumsoo : 97 Hakjum : A+
Input Jumsoo (0 for stop) : 68 Enter↵
Jumsoo : 68 Hakjum : D+
Input Jumsoo (0 for stop) : 0 Enter↵
Jumsoo : 0 Hakjum :
```

Quiz 7-1 예제 7-7의 순서도를 작성하시오.

## 7.4 switch ~ case문

if~else문으로는 2가지 조건 중 하나를 선택할 수 있다. 3가지 이상의 조건 중 하나를 선택하기 위해서는 'if~else if~else if~...'와 같이 중첩된 구조를 사용할 수도 있지만 복잡해진다. 조건이 다수일 때 switch~case문을 사용하면 이해하기 쉽고 간편하다. switch문은 어떤 값에 따라 선택적으로 case문을 실행하는 문장으로 형식은 다음과 같다.

```
[형식] switch (수식)
        { /* 수식은 정수 값을 갖는 식이나 변수 */
         case 상수 1 : 문장 1; break ;
```

```
    case 상수 2 : 문장 2; break ;
    :
    case 상수 n : 문장 n; break ;
    default : 문장 n+1;
}
```

수식과 상수가 일치하는 문장만을 실행하고 일치하는 상수가 없으면 default : 문장을 수행하고 끝낸다. 만약 break문이 없다면 수식과 상수가 일치하는 문장에서부터 끝까지 모두 실행하게 되므로 주의해야 한다. 그리고 if문과는 달리 case 값 n 다음에 여러개의 문장이 있더라도 중괄호 { }로 묶지 않는다. 조건식은 반드시 정수형 결과값을 가질 수 있는 수식이어야 하고, case 다음의 레이블은 문자상수나 정수상수 등과 같이 상수 또는 상수로 구성된 수식이어야 한다.

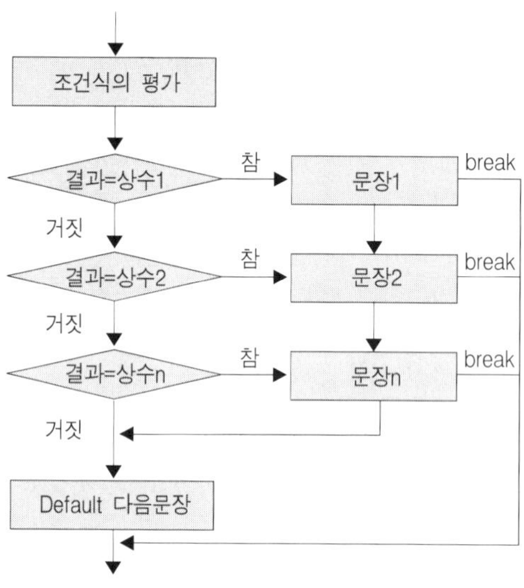


[그림 7-4] switch ~ case문의 순서도

다음과 같은 복합 if문을 switch ~case문으로 변환하여 보자.

```
if (grade == 'A') printf("90 <= grade \n");
else if (grade == 'B') printf("80 <= grade <= 89 \n");
```

```
else if (grade == 'C') printf("70 <= grade <= 79\n");
else if (grade == 'D') printf("60 <= grade <= 69\n");
else printf(" grade <= 59\n");
```

switch~case문으로 표현하면 아래와 같다.

```
switch (grade) {
   case 'A' : printf("90 <= grade\n"); break;
   case 'B' : printf("80 <= grade <= 89\n"); break;
   case 'C' : printf("70 <= grade <= 79\n"); break;
   case 'D' : printf("60 <= grade <= 69\n"); break;
   default : printf(" grade <= 59\n");
}
```

위의 두 코드는 서로 동일하다. if~else 구조로 된 문장들은 switch 문으로의 변환이 가능하다.

**[예제 7-8] switch~case문과 break문을 이용한 프로그램의 실행결과를 분석하시오.**

프로그램

```
#include <stdio.h>
void main()
{
   int i;
   printf("Input a number :");
   scanf("%d",&i);
   switch (i) {
         case 1: printf("one\n");    break;
         case 2: printf("two\n");    break;
         case 3: printf("three\n");  break;
         default: printf("many\n");
      }
}
```

결 과

Input a number : 3 Enter↵

three

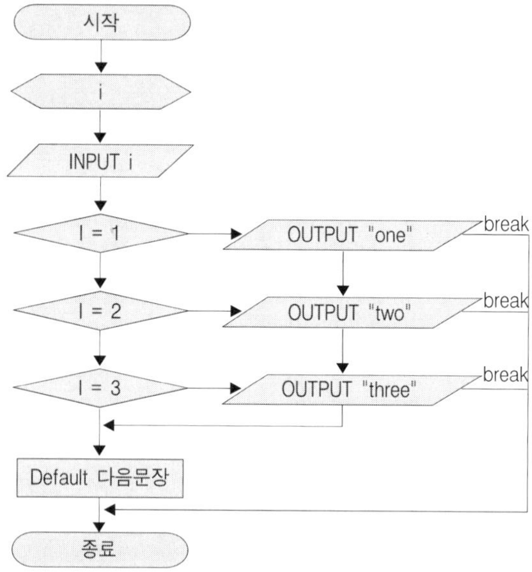


설 명

해당되는 case문을 실행하고 break문에 의하여 switch문을 빠져 나온다.

**[예제 7-9] switch~case 문을 이용한 프로그램의 실행결과를 분석하시오.**

프로그램

```
#include <stdio.h>
void main()
 {
    int i;
    printf("Input a number :");
    scanf("%d",&i);
    switch (i) {
       case 1: printf("one \n");
       case 2: printf("two \n");
       case 3: printf("three \n");
       default: printf("many \n");
```

```
        }
    }
```

결 과

```
Input a number : 2 [Enter↵]
two
three
many
```

설 명

break문이 없으므로 case 2 이후의 문장을 모두 실행한다.

Quiz 7-2 예제 7-9의 순서도를 작성하시오

Quiz 7-3 임의의 두 정수를 입력받아 합과 차를 구하는 프로그램을 switch문을 사용하여 작성하시오.(순서도 포함)

switch문 내에서 break문을 만나면 무조건 switch문을 빠져나가며, break 문이 없는 경우 switch문 다음 문장을 수행하게 된다. break문은 switch문 이외에도 for문과 while문, 그리고 do while문 내에서도 사용할 수 있으며, 그 외 다른 곳에서 break문을 사용하면 컴파일 에러가 발생한다.

〈참고자료〉

```
#include <stdio.h>
   void main( ) {
      float a, b;
      char ch;
      printf("두 수를 입력하세요: ");
      scanf("%f %c %f", &a, &ch, &b );
      switch(ch)  {
```

```
            case '+' : printf("%f + %f = %f \n", a, b, a+b);   break;
            case '-' : printf("%f - %f = %f \n", a, b, a-b);   break;
            case '*' : printf("%f * %f = %f \n", a, b, a*b);   break;
            case '/' : printf("%f / %f = %f \n", a, b, a/b);   break;
            default  : puts("연산자를 잘못 입력했습니다.\n");
        }
    }
```

반복문은 프로그램 일부를 1번 이상 반복하여 실행하는 제어문으로서 C 언어에는 for, while, do while 등이 있다.

## 7.5 for문

for문은 반복횟수를 미리 알고 있을 때 주로 사용되며 다음과 같은 형식으로 사용한다.

```
[형식] 1) for (초기치 ; 조건식 ; 증감치) 반복문장;
       2) for (초기치 ; 조건식 ; 증감치)
          {
             반복문장;
          }
```

- 초기치 : 반복을 제어하는 제어변수의 초기값을 지정하기 위하여 반복문을 실행하기 전에 단 한번만 실행된다.

- 조건식 : for 루프를 벗어나기 위한 조건식으로서 조건식의 값이 참인 동안만 명령문을 반복실행하고 조건식의 값이 거짓이 되면 반복실행을 중단한다.

• 증감치 : 1회 반복 실행할 때마다 제어변수의 값을 증가시키거나 감소시킨다. 그리고 조건식을 평가하여 조건식이 참이면 명령문을 계속 실행하고 조건식이 거짓이면 반복실행을 중단한다.

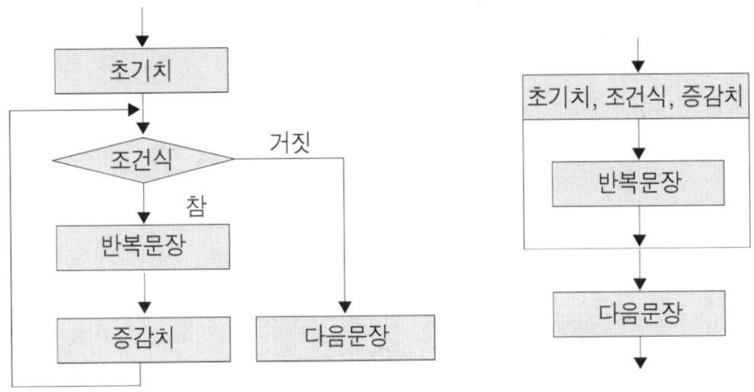


for문 실행순서

1. 초기치(처음에 한 번만 실행된다)
2. 조건식 평가
3. 참일 경우 반복할 문장실행, 거짓일 경우 for문 탈출
4. 증감치 계산 → 2번으로

[그림 7-5] for문의 실행 순서도

다음은 for문을 사용한 예이다.

```
sum = 0
for ( i = 1;   i <=10; i++)
{
sum = sum + i
}
```

### [예제 7-10] for문을 사용하여 숫자 출력

프로그램
```
#include <stdio.h>
 void main()
```

```
{
    int i;
    for ( i =1; i <= 9; i = i + 1 )
    {         printf("%d", i);      }
}
```

결 과 1 2 3 4 5 6 7 8 9

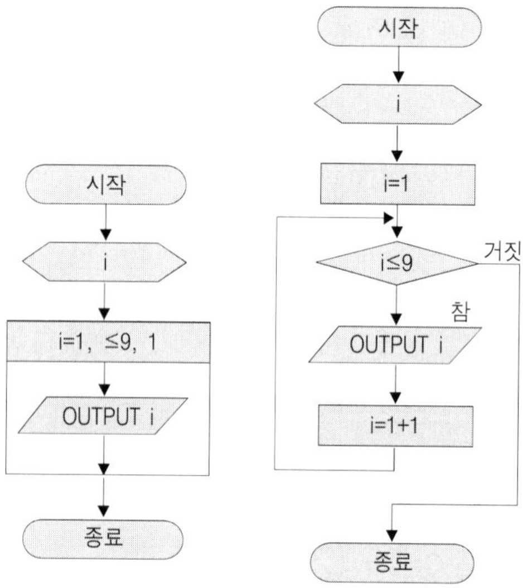


## [예제 7-11] for문을 사용하여 *를 결과 처럼 출력하는 프로그램

프로그램

```
#include <stdio.h>
void main()
{
    int k;
    for ( k =1; k <= 5; k = k +1 ) printf("*");
}
```

결 과 * * * * *

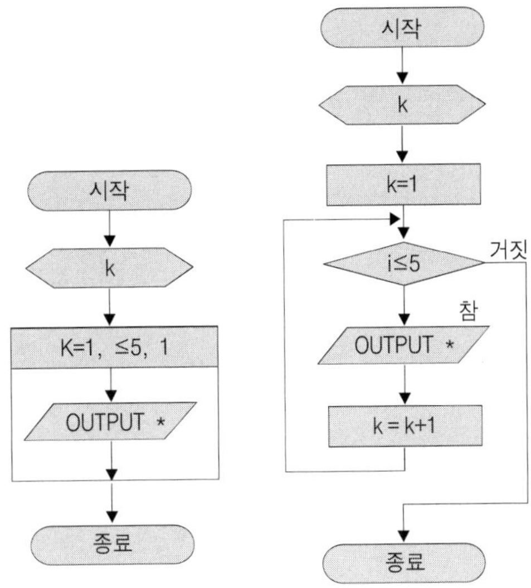


## [예제 7-12] for문을 사용하여 * 를 5*5 형태의 결과 처럼 출력하는 프로그램

프로그램

```
#include <stdio.h>
 void main()
 {
    int k, i;
    for(i=1; i<=5; i=i+1){
       for( k =1; k <= 5; k = k +1 ) printf("*");
       printf("\n");
    }
 }
```

결 과

```
* * * * *
* * * * *
* * * * *
* * * * *
* * * * *
```

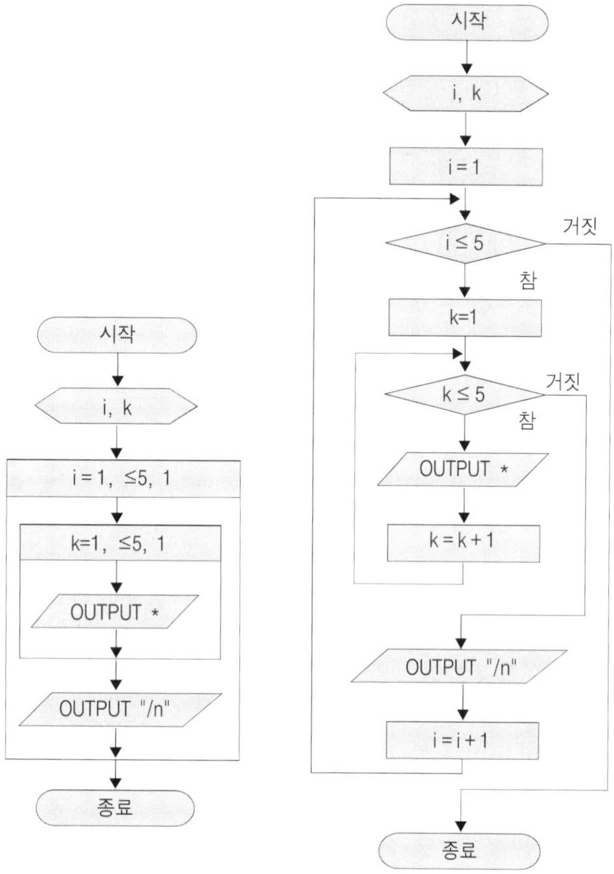


## [예제 7-13] for문을 사용하여 * 를 결과 처럼 출력하는 프로그램

프로그램

```
#include <stdio.h>
 void main()
 {
    int k, i;
    for(i=1; i<=5; i=i+1){
       for ( k =1; k <= i; k = k +1 ) printf(" ");
       for ( k =1; k <= i; k = k +1 ) printf("*");
       printf("\n");
    }
```

```
    }
```

결과

```
*
* *
* * *
* * * *
* * * * *
```

**[예제 7-14] 다음 프로그램의 실행 결과를 분석하시오.**

프로그램

```
#include <stdio.h>
void main()
{
    int i;
    for (i=1; i<=1000; i = i * 2 )
    {
        printf("%6d", i);
    }
}
```

결과

```
1 2 4 8 16 32 64 128 256 512
```

**[예제 7-15] 반복 for문을 이용하여 구구단의 결과가 출력되도록 프로그램을 작성하세요.**

프로그램

```
#include <stdio.h>
void main()
{
    int i, j;
    for (i = 2; i <= 9; i++) {
        for (j = 1; j <= 9; j++) {
            printf("%d*%d=%2d ",i, j, i*j );
```

```
            }
            printf("\n");
        }
    }
```

결 과

```
2*1=2 2*2= 4 2*3= 6 2*4= 8 2*5=10 2*6=12 2*7=14 2*8=16 2*9=18
3*1=3 3*2= 6 3*3= 9 3*4=12 3*5=15 3*6=18 3*7=21 3*8=24 3*9=27
4*1=4 4*2= 8 4*3=12 4*4=16 4*5=20 4*6=24 4*7=28 4*8=32 4*9=36
5*1=5 5*2=10 5*3=15 5*4=20 5*5=25 5*6=30 5*7=35 5*8=40 5*9=45
6*1=6 6*2=12 6*3=18 6*4=24 6*5=30 6*6=36 6*7=42 6*8=48 6*9=54
7*1=7 7*2=14 7*3=21 7*4=28 7*5=35 7*6=42 7*7=49 7*8=56 7*9=63
8*1=8 8*2=16 8*3=24 8*4=32 8*5=40 8*6=48 8*7=56 8*8=64 8*9=72
9*1=9 9*2=18 9*3=27 9*4=36 9*5=45 9*6=54 9*7=63 9*8=72 9*9=81
```

설 명 중첩된 for문에서 사용하는 반복 변수는 서로 같지 않도록 한다.

Quiz 7-4 예제 7-13의 순서도를 작성하시오.

Quiz 7-5 예제 7-14의 순서도를 작성하시오.

Quiz 7-6 예제 7-15의 순서도를 작성하시오.

Quiz 7-7 다음과 같이 출력되도록 프로그램을 작성하시오.

```
        *
      * *
    * * *
  * * * *
* * * * *
```

# 7.6 while문

while문은 조건식이 참일 동안 반복 수행하는 제어문으로서 반복횟수를 미리 알 수 없거나 일정하지 않을 때 유용하게 사용할 수 있으며 형식은 다음과 같다.

```
[형식] while (조건식)
       {
          반복문장 ; /* 조건식이 참일 동안 반복 실행 */
       }
```

조건식은 반복 여부를 결정하기 위하여 사용된다. 즉, 조건식을 평가한 결과 참이면 while문 다음의 반복될 문장들이 실행되고, 거짓이면 while문을 벗어나 다음의 명령문을 실행한다. 마찬가지로 반복 실행할 문장이 여러개인 경우에는 블록 { } 설정을 한다.

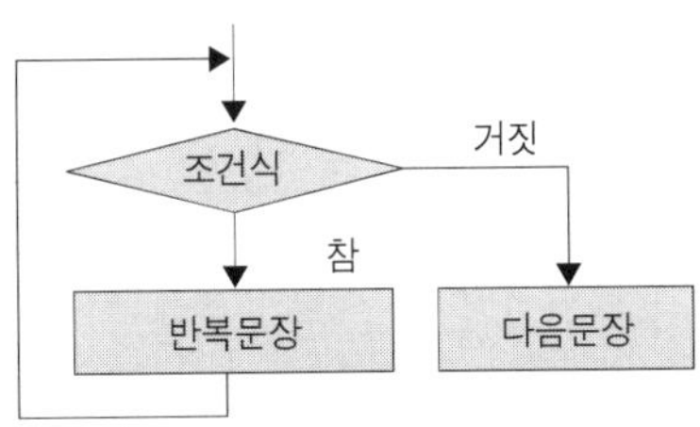


[그림 7-6] while문 실행 순서도

**[예제 7-16] While문을 사용하여 1~10까지 출력하는 프로그램.**

프로그램

```
#include <stdio.h>
void main()
 {
    int n=1;
    while ( n< =10 )
```

```
        {
          printf(" %d, ", n);
          n++;
        }
    }
```

결 과 1, 2, 3, 4, 5, 6, 7, 8, 9, 10,

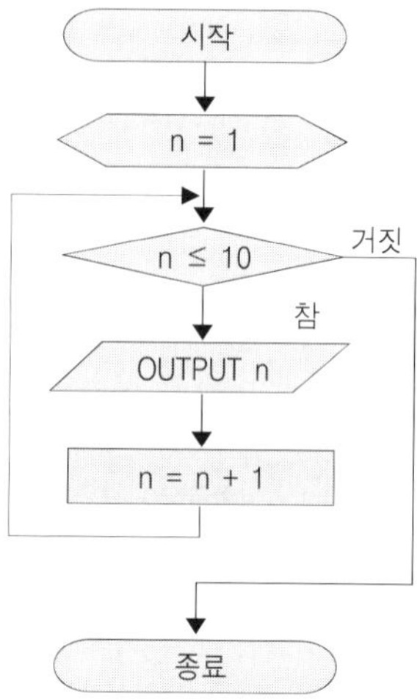


Quiz 7-7 다음 프로그램의 실행결과를 적고 순서도를 작성하시오.

```
#include <stdio.h>
void main()
{ int i;
  for( i=1; i<=10; I++)
  {
  if(( i % 2)==0) printf("%2d",i);
  }
}
```

### [예제 7-17] 키보드에 m을 포함한 문자를 입력하여 그 결과를 확인한다.

프로그램

```
#include <stdio.h>
void main()
{
   char c;
   while ((c = getchar()) != 'm')
   putchar(c);
}
```

결 과

```
welcome
welco
```

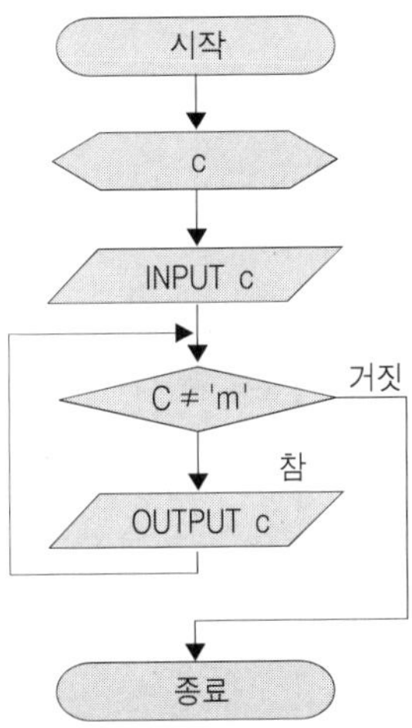


설 명 문자 'm'이 입력될 때 까지 단일 문자를 입력 받아서 출력한다.

### [예제 7-18] 영문 소문자를 입력받아 대문자로 출력시켜 준다.

프로그램

```
#include <stdio.h>
void main()
{
    char c;
```

```
        while ((c = getchar()) != '\n') /* Enter가 아닐 동안 */
          if (c >= 'a' && c <= 'z') /* 읽어들인 문자가 소문자 */
             putchar(c - 32); /*대문자로 출력*/
          else
             putchar(c);
}
```

결과

```
c language is funny [Enter↵]
C LANGUAGE IS FUNNY
```

설명

소문자와 대문자의 코드값이 32차이가 난다. 한 줄을 입력하여 대문자로 변환하여 출력한다.

Quiz 7-8 예제 7-18의 순서도를 작성하시오

for문은 다음과 같이 while문으로 변환할 수 있다.

```
for(초기식 ; 조건식 ; 증감식)          초기식;
    반복 실행할 문장;          →     while (조건식) {
                                      반복 실행할 문장;
                                      증감식;
                                    }
```

# 7.7 do ~ while문

do~while문은 먼저 무조건 반복문장을 수행한다. 그리고 조건식을 계산하여 계산 결과가 참이면 다시 반복문장을 수행하고, 조건식의 계산 결과가 거짓이면 다음문장으로 이동한다. 따라서 최소한 반복문장이 한번은 실행된다. 이러한 점만 제외하면 while문과 동일하다. do~while문의 형식은 다음과 같다.

[형식] do

{

반복문장 ; /* 조건식이 참이면 반복문장이 반복 수행된다.*/

} while (조건식) /* 조건식이 거짓이면 다음문장이 수행된다.*/

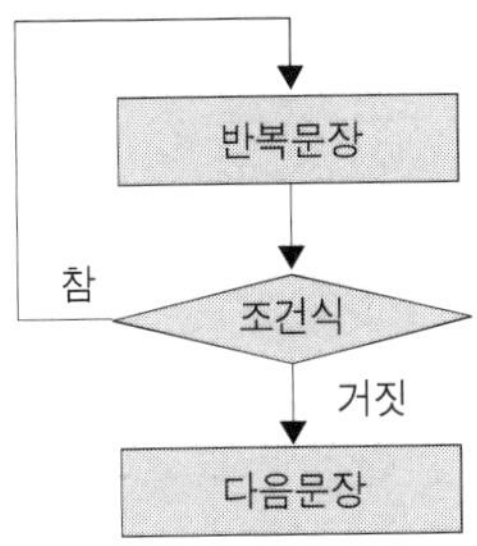


[그림 7-7] do ~ while문의 실행 순서도

do ~ while문은 반복문장을 먼저 실행한 후 조건식을 평가 한다. while문과 달리 적어도 한번은 반복문장을 실행하게 된다. 반면에 while문은 조건식을 먼저 평가하므로 반복문장을 한번도 실행하지 않을 수도 있다.

**[예제 7-19] do ~ while문을 이용하여 조건식에 따라 A ~ Z까지 출력시켜 그 결과를 확인한다.**

프로그램

```
#include <stdio.h>
void main()
{
   char c;
   c=' A' ;
   do {
      putchar(c++ );
      putchar('  ' );
   } while(c<=' Z' );
}
```

결 과 A B C D E F G H I J K L M N O P Q R S T U V W X Y Z

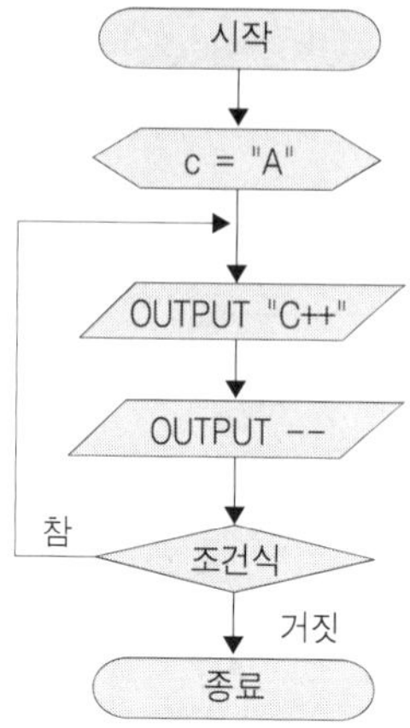


## 7.8 점프문

### 1. exit 문

exit문을 만나면 무조건 프로그램의 수행을 중단하고, 운영체제로 프로그램 제어를 넘겨준다. exit 다음의 정수 값이 '0'이면 정상적인 종료를 의미하고, 오류의 종류에 따라 다른 정수값을 사용한다. 사용되는 형식은 다음과 같다.

[형식] exit (정수값) ;

프로그램을 수행하다가 위의 문장을 만나게 되면 무조건 프로그램 실행이 종료된다.

**[예제 7-20] exit(0)문에 의한 프로그램 종료를 확인하여 보자.**

프로그램

```
#include <stdlib.h>
#include <conio.h>
#include <stdio.h>
```

```
void main()
 {
   char c;
   while (c != 'e'){
      c = getchar();    putchar(c);
      if (c=='q') exit(0);
   }
   printf("\n detected key = %c ",c );
}
```

**결 과** 키를 누르면 화면에 계속 출력하다가 e 키를 누르게 되면 detected key =e 라고 출력하고 종료하지만, q 키를 누르게 되면 프로그램 수행을 그대로 종료하게 된다. 따라서 이후로 출력되는 detected key = q 라는 것은 실행할 수 없다.

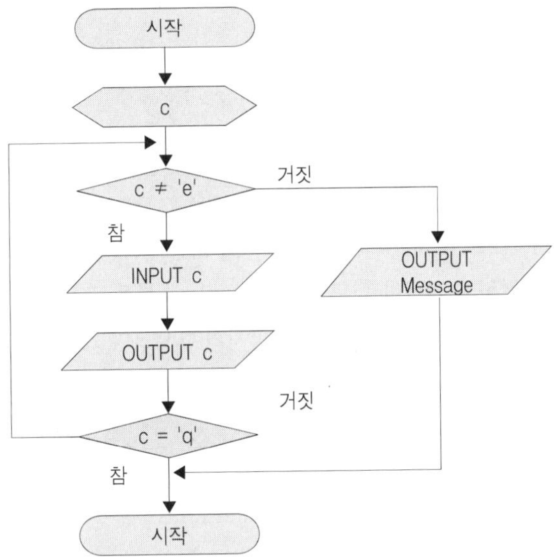


## 2. continue문

continue문은 break문과 같이 for, while, do~while, switch문 내에서만 사용하며, 자신을 둘러싼 for, while, do~while, switch문이 여러 개 있을 때 안쪽 루프 하나만 벗어난다. 실제로 continue문은 자신이 속한 for, while, do~while, switch문의 맨 끝

으로 이동하여 다음 번 반복을 시작하도록 만드는 역할을 한다.

**[예제 7-21] continue문과 while loop와의 관계를 이해해보자.**

프로그램

```
#include <stdio.h>
void main()
{
    int i;
    i=0;
    while(i++<20)
    {
        if(i%2) continue;
        printf("%4d",i);
    }
}
```

결 과

```
2 4 6 8 10 12 14 16 18 20
```

설 명

if(i%2) continue;에서 i값이 짝수이면 i%2는 즉 2로 나눈 나머지는 0이 되어 if문의 조건식이 거짓이 되므로 continue를 실행하지 않고 다음 문장인 printf문을 실행한다. i값이 홀수이면 2로 나눈 나머지가 1이 되어 조건식이 참이 되어 if문의 continue문을 실행하여 while문의 처음으로 돌아가게 된다.

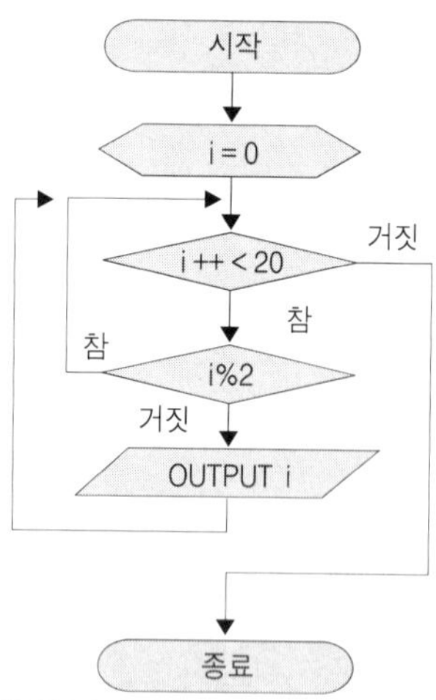

## 3. break 문

반복문이나 switch문에서 break를 만나면 해당 제어구조를 종료하고 빠져나오게 된다.

## 연습문제

1 1에서 100까지 정수 중에서 짝수의 합과 홀수의 합을 구하여 출력하는 프로그램과 순서도를 작성하시오.

2 아래 프로그램의 실행 결과가 two와 three가 출력되도록 수정하고 순서도를 작성하시오.

```
#include <stdio.h>
void main()
{
  int i;
  printf("Input a number :");
  scanf("%d",&i);
  switch (i) {
    case 1: printf("one \n");
    case 2: printf("two \n");
    case 3: printf("three \n");
    default: printf("many \n");
  }
}
```

3 1부터 100까지의 정수 중 2의 배수만 출력하는 프로그램을 작성하고 순서도를 작성하시오.

4 1~100까지의 짝수의 합과 홀수의 합을 구하여 출력하는 프로그램을 작성하고 순서도를 작성하시오.

5 임의의 수 2개를 입력받아 합과 차를 구하는 프로그램을 작성하고 순서도를 작성하시오.

**6** 다음 프로그램의 실행결과를 적고 순서도를 작성하시오.

```
#include <stdio.h>
void main()
{
    int n, sum=0;
    for ( n=1; n<=10; n++)
    {
        if (n==7) break;
        else sum = sum +n;
    }
    printf("%d", sum);
}
```

**7** 키보드로 입력받은 임의의 수의 합을 구하는 프로그램을 for문을 이용하여 작성하고 순서도를 작성하시오.

**8** 문자 'A'를 한 행에 1개씩 10행 출력하는 프로그램을 작성하고 순서도를 작성하시오.

**9** 10개의 수를 입력받아 그 중에서 가장 큰 수와 가장 작은 수를 출력하는 프로그램을 작성하고 순서도를 작성하시오.

**10** 문자 '*'를 연달아 10번 출력하는 프로그램을 for문을 사용하여 작성하고 순서도를 작성하시오.

**11** 구구단을 출력하는 프로그램으로 처음 프로그램을 실행시키면 2단이 먼저 출력되고, 그 후 아무키나 눌러주면 다음 구구단이 순서대로 출력되는 프로그램을 작성하고 순서도를 작성하시오.

12 다음 프로그램의 순서도를 작성하고 실행결과를 적으시오.

```
#include <stdio.h>
void main()
{
   int n, sum=0;
   for ( n=1; n<=10; n++)
   {
      if( n%2 == 0) continue;
      sum = sum + n;
   }
   printf("sum= %d", sum);
}
```

13 -100이 입력될 때까지 임의의 정수를 입력받아서 8을 찾는 프로그램을 작성하시오.

14 대문자 5개를 입력받아서 소문자로 변환하여 출력하는 프로그램을 작성하시오.

Chapter 08

# 함수

함수란 프로그램 내에서 특정한 작업을 수행하도록 작성된 독립적인 단위 프로그램을 말한다. C 언어 프로그램은 함수를 기본으로 하여 구성되며, 최소 1개 이상의 함수를 포함한다. 함수를 사용하면 프로그램이 모듈화 되어 이해하기 쉽고 프로그램 수정 및 유지 보수가 용이할 뿐만 아니라 자주 사용되는 기능을 함수로 만들어 여러 프로그램에서 필요할 때마다 호출하여 사용할 수 있어 편리하다.

C 언어에서 함수는 주 프로그램으로부터 인수를 전달받아 해당 작업을 수행한 후 결과값을 주 프로그램으로 되돌려 주는 하나의 단위 프로그램으로 정의된다. C 언어의 함수에는 컴파일러가 기본적으로 제공하는 라이브러리 함수와 사용자가 필요에 따라 직접 만들어 사용하는 사용자 정의 함수가 있다. 컴파일러가 제공하는 라이브러리 함수에는 printf(), scanf(), getchar(), putchar() 등이 있으며, 이를 프로그램에서 사용하고자 할 경우에는 프로그램의 첫 머리에 함수가 정의되어 있는 헤더 파일을 #include 문을 사용하여 포함시켜야 한다. 사용자 정의함수는 사용자가 필요에 따라 직접 정의하여 사용하는 함수로 이 장에서 말하는 함수는 사용자 정의함수이다.

# 8.1 함수의 형식

함수의 일반 형식을 공부하기 전에 먼저 사용자 정의함수의 기본 개념을 예를 들어 간단히 살펴보기로 하자. 만약 성적처리 프로그램을 작성할 때 main()함수에 모든 기능을 수행하는 문장을 기술하여 프로그램을 작성할 수도 있다. 이렇게 작성한 프로그램은 이해하기도 힘들고, 오류 수정도 힘들며, 소프트웨어의 개발에 중요한 요소 중의 하나인 재사용성에 많은 문제가 된다. 하지만 이를 잘 정의된 사용자 정의 함수를 이용하여 작성한다면 여러 가지 문제가 해결되어질 것이다. 성적처리 프로그램을 분석해보면 입력부분, 계산부분, 출력부분으로 나눌 수 있다. 계산 부분도 합과 평균을 구하는 부분과 석차를 구하는 부분으로 세분화 할 수 있다. 이를 함수를 이용하여 개략적으로 표현하면 다음의 예 1, 2와 같다.

**[예 1] main함수로만 작성**

```
#include <stdio.h>
 void main()
 {
    // main() 함수안에 모든 처리루틴 포함
    입력처리 부분;
    합 계산 부분;
    평균 계산 부분;
    석차처리 부분;
    출력처리 부분;
 }
```

**[예 2] 사용자 정의함수를 사용하여 작성**

```
#include <stdio.h>
void main()
{
   // main() 함수안의 처리루틴을 사용자 정의 함수로 작성
   input(); // 입력처리 부분;
   sum(); // 합 계산 부분;
   avg(); // 평균 계산 부분;
   degree(); // 석차처리 부분;
   output(): // 출력처리 부분;
}

 input()
 {
   입력처리 부분;
 }

 sum()
 {
   합 계산 부분;
 }

 avg()
 {
   평균 계산 부분;
 }
   degree()
 {
   석차처리 부분;
 }
   output()
 {
   출력처리 부분;
 }
```

C 언어에서 사용되는 함수의 일반 형식은 다음과 같다.

```
[형식] 반환 데이터의 자료형 함수명(가인수)
        {
           내부 변수 선언;
           실행문;
           return( 식 );
        }
```

■ 반환 데이터의 자료형

- 피호출 함수에서 계산된 결과를 호출 함수로 되돌려 줄 때 반환 데이터의 형을 선언하는 것으로 함수의 결과값의 데이터형을 기술하는 부분이다. 반환 데이터의 형에 따라 정수형 값을 반환하면 int, 실수형이면 float, 단일 문자를 반환하면 char 등의 데이터형을 적는다. 반환값이 없을 때는 void를 적으면 된다. 반환 데이터의 형이 정수형이거나 없을 때는 생략할 수 있다.

■ 함수명

- 함수명은 사용자가 함수의 수행 작업에 연관된 이름을 기술 한다. 함수명은 변수명 규칙에 맞게 적으면 된다. 함수명 뒤에는 함수를 의미하는 ()를 반드시 적어야 한다.

■ 가인수

- 호출 함수로부터 데이터를 전달받아 그 값을 저장시켜 두기 위한 변수이다. 전달받을 데이터가 여러개이면 여러개의 가인수를 적는다. 가인수들 사이에는 콤마를 적어 구분한다. 호출 함수로부터 전달받는 데이터를 저장할 변수의 형을 선언한다.

■ 내부변수 선언

- 피호출 함수에서 변수가 필요할 경우 피호출 함수 내에서 변수들을 선언해서

사용할 수 있다. 함수 내에서 선언된 변수는 선언된 함수 내에서만 유효한 지역변수이다. 따라서, 다른 함수 내에서 선언된 변수와 같은 이름을 사용해도 무방하다.

■ return(식);

- 피호출 함수에서 연산한 결과를 호출 함수로 반환시키고, 피호출 함수의 실행을 종료한 후 호출 함수로 복귀하는 명령문이다. 반환하고자 하는 데이터를 return 문의 괄호속에 적는다. 호출 함수로의 데이터 반환은 한 개의 값만 가능하며, 반환값이 없을 경우에는 return;을 적거나 생략해도 된다. 피호출 함수에서 return 문을 만나면 연산 결과를 호출 함수로 반환시키는 명령문이다. 반환하고자 하는 데이터를 return() 문의 괄호속에 적는다.

**[예] 사용자 정의 함수**

```
int func(int x, int y)
{
    int t;
    t = x + y;
    printf("함수 일반형식 예입니다.\n");
    return(t);
}
```

**[설명]** 함수명은 func이며, int형 두 정수값을 인수로 받는다. x , y, t는 함수내에서 사용가능한 지역변수이다. 이 함수는 두 정수를 전달받아 합을 구하여 반환하는 함수로 반환되는 자료형은 int임을 의미하는 함수이다.

다음은 실제 예제를 사용하여 함수를 작성하는 방법을 살펴보자.

**[예제 8-1] 두 정수의 합을 구하여 출력하는 프로그램을 함수를 사용하여 작성하시오.**

```
#include <stdio.h>
void main()
 {
    int a=5, b=7, sum=0;
    sum = a + b;
    printf(" sum = %d", sum);
 }
```

예제 8-1의 프로그램을 부함수를 이용하여 작성하면 [프로그램 1, 2, 3]과 같다.

**[프로그램 1] 함수에서 모든 처리를 수행하도록 작성하며, 호출문 뒤에 사용자 정의 함수 기술**

```
#include <stdio.h>
void main()
{ void func();
  func();
}
void func()
{
  int a=5, b=7, sum=0;
  sum = a + b;
  printf(" sum = %d", sum);
}
```

결과 sum = 12

설명 함수에서 모든 처리를 수행하도록 작성하며 호출문 뒤에 사용자 정의 함수를 기술한다. 이 때는 함수의 원형 부분인 void func();를 호출문 앞에 반드시 기술하여야 한다. 그렇지 않으면 오류가 발생한다.

[프로그램 2]
```
void func()
{
    int a=5, b=7, sum=0;
    sum = a + b;
    printf(" sum = %d", sum);
}

#include <stdio.h>
void main()
{
    func();
}
```

결과 sum = 12

설명 함수에서 모든 일 수행하도록 작성하며 호출문 보다 앞에 사용자 정의 함수 기술한다.

[프로그램 3]
```
#include <stdio.h>
int func()
{
    int a=5, b=7, sum=0;
    sum = a + b;
    return (sum);
}

void main()
{
    int sum=0;
    sum= func();
    printf(" sum = %d", sum);
}
```

결과 sum = 12

설명 결과 값을 메인 함수에 반환하고, 반환된 결과값을 메인 함수에서 출력하도록 한다.

[예제 8-2] 호출 함수로부터 데이터를 전달받지 않고, 단순히 “The example of C language function”이라는 문자만을 출력하는 가인수가 없는 func()라는 함수를 다음과 같이 만들고, main() 함수에서 func() 함수를 호출하는 프로그램이다.

프로그램

```
# include <stdio.h>
void func()
{
   printf("The example of C language function \n");
}
   void main()
{
   func();
}
```

결 과

```
The example of C language function
```

[예제 8-3] 호출 함수로부터 실수 2개를 전달받고, 전달받은 2개 실수의 덧셈을 수행하여 덧셈 결과를 호출 함수로 반환하는 fadd() 라는 함수를 다음과 같이 만들고, main() 함수에서 fadd() 함수를 호출하는 프로그램이다.

프로그램

```
#include <stdio.h>
float fadd(float i, float j)
{
   float s;
   s = i + j;
   return(s);
}
void main()
{
   float c = 3.1, d = 5.2, sum;
   sum =fadd(c, d);
```

```
        printf("%3.1f + %3.1f = %3.1f \n", c, d, sum);
    }
```

결 과 3.1 + 5.2 = 8.3

## 8.2 함수의 호출과 복귀

함수는 프로그램의 특정 작업 부분을 기능별로 나누어 구성한 부프로그램으로 스스로 실행되지는 않고 다른 프로그램에서 호출해야만 실행된다. 함수의 호출은 호출 프로그램에 호출할 함수명과 괄호 속의 인수값을 적으면 된다.

함수 호출이 이루어지면 피호출 함수로 프로그램의 실행 제어가 넘어가서 피호출 함수의 명령을 실행한다. 함수 호출의 일반형식은 다음과 같다.

### 1. 함수의 호출

[형식] 함수명(실인수 1, 실인수 2, …);

fadd(a, b);

■ 실인수

- 실인수는 호출 함수에서 피호출 함수로 넘겨줄 데이터를 적는 곳으로 상수, 변수, 수식 등이 가능하다. 실인수는 피호출 함수의 정의에 선언되어 있는 가인수와 데이터형이 일치해야 하며, 가인수와 갯수도 일치해야 한다. 실인수의 값이 대응되는 가인수로 순서대로 전달된다.

피호출 함수에서 프로그램의 실행을 중지하고 호출 함수로 실행 제어가 복귀되는 경우는 피호출 함수 실행중에 return 문을 만나거나 혹은 피호출 함수를 끝까지 실행하고 함수의 끝을 의미하는 '}'를 만나는 경우이다.

## 2. 함수의 복귀

피호출 함수에서 프로그램의 실행을 중지하고 호출 함수로 실행 제어를 복귀시키는 return ()문의 일반 형식과 사용 예는 다음과 같다.

[형식] return(식);

■ 식

- 식 부분은 피호출 함수에서 호출 함수로 넘겨줄 데이터를 적는 곳으로 상수, 변수, 수식 등이 가능하나, 하나의 값만 적을 수 있다.

[예]

```
return(0); /* 반환값 없이 단순히 함수의 종료 */
return a ;
return (a); /* 위 두 문장은 같다. */
return (i++); /* i값을 하나 증가시킨 후 i 값을 되돌린다. */
return (a*b/c); /* 수식인 경우 반드시 괄호로 묶는다. */
return (sum(n) * 2); /* 다른 함수를 호출하여 return할 수도 있다. */
```

피호출 함수에서 호출 함수로 연산 결과값을 되돌릴 때는 가인수의 값을 실인수로 직접 되돌려줄 수는 없고, 단지 return() 문을 사용하여 그 값을 되돌릴 수 있다. 따라서, 피호출 함수에서 호출 함수로 여러개의 연산 결과값을 되돌릴 수는 없고, return()문을 사용하여 하나의 값만을 되돌릴 수 있다. 피호출 함수에서 호출 함수로 값을 반환하지 않는 함수를 void형 함수라 한다. 피호출 함수에서 값의 반환은 return문을 사용하고, return문이 없으면 0을 그 함수의 반환값으로 한다. 따라서, void형 함수는 반환되는 값이 없으므로 return 문의 인수로 0 이외의 값을 사용해서는 안된다.

[예제 8-4] 키보드로부터 정수 하나를 입력받아 입력받은 정수만큼의 '*' 를 결과와 같이 출력하는 프로그램이다. 각 줄을 출력하기 위하여 void 형 함수를 사용한 예이다.

프로그램

```
#include <stdio.h>
void print_char(char c, int n)
{
   int i;
   for (i = 1; i <= n; i++)
      printf("%c ", c);
}
void main()
{
   int n;
   int i;
   printf("개수 입력: ");
   scanf("%d", &n);
   for (i = 1; i <= n; i++) {
      print_char('*', i);
      putchar('\n');
   }
}
```

결 과

```
개수 입력: 3 Enter↵
*
* *
* * *
```

**[예제 8-5] 키보드로부터 실수 2개를 입력받아 2개 실수값의 덧셈과 곱셈을 행하는 함수 2개를 이용하여 연산을 수행하는 프로그램이다. 실수값의 입력과 연산 결과의 출력은 main() 함수에서 수행하고, 덧셈과 곱셈 연산은 각 부함수에서 수행하여 연산 결과를 return() 문을 사용하여 main() 함수로 되돌린다.**

프로그램

```
#include <stdio.h>
float add(float i, float j)
{
   return(i+j);
}
float mul(float i, float j)
{
   return(i*j);
}

void main()
{
   float i, j;
   float add_val, mul_val;
   printf("두 실수값을 입력하시오: ");
   scanf("%f %f", &i, &j);
   add_val = add(i, j);
   printf("%5.1f + %5.1f = %5.1f \n", i, j, add_val);
   mul_val = mul(i, j);
   printf("%5.1f * %5.1f = %5.1f \n", i, j, mul_val);
}
```

결 과

```
두 실수값을 입력하시오: 8.0 2.0 Enter↵
␣␣8.0 + ␣␣2.0 = ␣10.0
␣␣8.0 * ␣␣2.0 = ␣16.0
```

위 예제를 실행할 경우 프로그램의 실행 순서는 다음과 같다.

| main() 함수 | 부함수 |
| --- | --- |
| void main()<br>{<br>.....<br>add_val = add(i, j);<br>.....<br>mul_val = mul(i, j);<br>.....<br>} | float add(float i, float j) {<br>return(i+j);<br>}<br><br>float mul(float i, float j) {<br>return(i*j);<br>} |

Quiz 8-1 키보드로부터 육면체의 가로, 세로, 높이를 입력받아 체적을 계산하는 프로그램을 부 함수를 이용하여 작성하시오. 단, 육면체의 가로, 세로, 높이와 연산 결과의 출력은 main() 함수에서 행하고, 육면체의 체적 계산은 부함수에서 수행하여 연산 결과를 return() 문을 사용하여 main() 함수로 되돌린다.

〈보기〉

입력(가로 세로 높이): 5 3 4 [Enter↵]

출력: 가로 5, 세로 3, 높이 4인 육면체의 체적은 60 입방 센티미터입니다.

Quiz 8-2 키보드로부터 10진수 정수 데이터 2개를 입력받고, 입력받은 두 개의 정수값의 덧셈, 빨셈, 곱셈, 나눗셈을 행하는 함수를 각각 작성하고, 이들 함수를 이용하여 사칙연산을 행하는 프로그램을 작성하시오. 단, 정수값의 입력과 연산 결과의 출력은 main() 함수에서 행하고, 사칙연산은 각 부함수에서 수행하여 연산 결과를 return() 문을 사용하여 main() 함수로 되돌린다.

〈보기〉

입력: 5 3 [Enter↵]

출력: 5 + 3 = 8

5 - 3 = 2

5 * 3 = 15

5 / 3 = 1

Quiz 8-3 두 개 실수값의 덧셈, 뺄셈, 곱셈, 나눗셈을 행하는 부함수를 각각 작성하고, 이들 부함수를 이용하여 사칙 연산을 행하는 프로그램을 작성하시오. 단, 두 개의 실수값과 연산자는 main() 함수에서 키보드를 통하여 받아들이고, 부함수에서 받아들인 연산자에 해당하는 연산을 수행하여 해당 연산 결과를 return() 문을 사용하여 main() 함수로 되돌린다

〈보기〉

입력 : 2.3 + 3.4 [Enter↵]

출력 : 2.3 + 3.4 = 5.7

# 8.3 인수의 전달 방식

C 언어에서 각 함수는 서로 독립적이며, 함수들 사이의 데이터 전달은 함수 호출시의 인수와 함수 복귀시의 반환을 통하여 이루어진다.

호출 함수에서 피호출 함수로의 인수를 통한 데이터 전달은 호출함수의 데이터 값을 직접 피호출 함수로 전달하는 '값에 의한 호출(call by value)'과 호출함수의 데이터 값이 저장된 기억장소(메모리)의 주소를 전달하는 '참조에 의한 호출(call by reference)'로 나누어진다.

## 1. Call by value

값에 의한 호출은 호출 함수에서 피호출 함수로 데이터를 전달할 때 호출 함수의 실인수 값을 피호출 함수의 가인수로 전달하여 실인수와 별개의 기억장소인 가인수에 저장하는 방식이다.

값에 의한 호출은 실인수와 가인수가 서로 다른 기억 장소를 사용하기 때문에 피호출 함수에서 가인수의 값을 바꾸더라도 실인수에는 영향을 미치지 않는다.

### [예제 8-6] Call by value로 인수를 전달하는 간단한 프로그램

프로그램

```
#include <stdio.h>
int add( int c, int d)
{
    sum = c + d;
    return ( sum);
}
void main()
{
    int a=5, b=7, sum=0;
    sum= add(a, b);
    printf("sum = %d", sum);
}
```

결 과

```
sum = 12
```

설 명

두 정수 a= 5와 b= 7을 가지고 함수를 호출 문 add(a, b);로 호출하여 두 정수값을 가인수c, d에 전달한다. 정수 값을 전달 받은 함수는 합을 구하여 return (sum);문으로 값을 반환한다. 함수를 수행한 후 main()함수의 sum 변수에는 반환값이 저장되며 이를 출력하면 12라는 결과 값이 된다.

### [예제 8-7] 두개의 변수에 저장되어 있는 값을 서로 바꾸어 출력하는 프로그램을 값에 의한 함수 호출 방법으로 작성한 예이다.

프로그램

```
#include <stdio.h>
swap(int x, int y) {
  int t;
  t = x;
  x = y;
  y = t;
  printf("swap()함수: x 번지=%p, 값=%d, y 번지=%p, 값=%d \n", &x, x, &y, y);
```

```
}
void main() {
  int x = 15;
  int y = 30;
  swap(x, y);
  printf("main()함수: x 번지=%p, 값=%d, y 번지=%p, 값=%d \n", &x, x, &y, y);
}
```

결 과

```
swap()함수: x 번지=0065FD9C, 값=30, y 번지=0065FDA0, 값=15
main()함수: x 번지=0065FDF4, 값=15, y 번지=0065FF0F, 값=30
```

위의 예제에서 swap() 함수는 x와 y의 값을 서로 바꾸는 함수이다. main 함수에서 swap (x, y) 함수의 호출은 값에 의한 호출 방법으로 main() 함수의 변수 x와 y의 값 15와 30이 swap() 함수의 변수 x 와 y로 각각 전달된다. swap() 함수에서는 전달받은 두 값을 서로 바꾸어 x = 30, y = 15로 저장하여 이를 출력한 후 실행 제어를 main() 함수로 되돌린다.

main() 함수에서 x, y 변수의 값을 출력하면 x=15, y=30으로 값이 바뀌지 않았음을 알 수 있다. 그 이유는 값에 의한 함수 호출시 호출함수와 피호출 함수의 변수는 이름이 같더라도 메모리의 서로 다른 장소를 차지하기 때문이다. 즉, 호출 함수와 피호출 함수에서 같은 이름의 변수를 사용하더라도 실제는 서로 다른 변수임을 의미한다.

위의 예의 main() 함수와 swap() 함수의 x, y 변수가 할당된 메모리의 주소와 저장된 값은 다음과 같다.

| main() 함수 | | | swap() 함수 | | |
|---|---|---|---|---|---|
| x | 0065FDF4 | 15 | x | 0065FD9C | 30 |
| | | | | | |
| y | 0065FF0F | 30 | y | 0065FDA0 | 15 |
| 변수명 | 메모리 주소 | 데이터 | 변수명 | 메모리 주소 | 데이터 |

## 2. Call by reference

참조에 의한 호출은 호출 함수에서 피호출 함수로 데이터를 전달할 때 데이터 값을 직접 전달하는 대신에 데이터가 저장되어 있는 메모리의 주소를 피호출 함수로 전달하는 방식이다.

피호출 함수에서는 데이터가 저장되어 있는 메모리의 번지를 이용하여 값을 참조한다. 즉, 호출함수와 피호출 함수는 변수명에 관계없이 같은 기억장소를 배정받기 때문에 피호출 함수에서 가인수의 값을 바꾸게 되면 호출 함수의 실인수 값도 바뀌게 된다. 참조에 의한 호출은 메모리를 절약할 수 있고, 피호출 함수에서 호출 함수로 여러개의 계산 결과를 되돌릴 수 있는 장점이 있다. 그러므로 아래 예제처럼 주소를 인수로 피호출 함수를 호출하고 피 호출함수는 주소를 저장할 수 있는 포인터 변수로 선언된다.

**[예제 8-8] Call by reference에 관한 간단한 예제**

프로그램

```
void add(int    *a, int    *b, int    *s)
{
   *s = *a + *b;
}

#include <stdio.h>
void main()
{  int a=5, b=7, sum=0;
   add(&a, &b, &sum);
   printf("sum = %d", sum);
}
```

결 과

```
sum = 12
```

설 명

main() 함수의 호출문 add(&a, &b, &sum);는 실제값이 데이터가 아닌 값이 저장된 변수의 주소를 가지고 피호출 함수를 호출 한다. 즉 call by reference로 호출 한다. 피호출 함수인 void add(int *a, int *b, int *s) 는 포인터 변수로 선언된 가인수에 전달된 주소를 저장한다. 즉, 사용자 정의 함수의 a변수는 호출함수인 메인함수의 변수 a의 주소를 갖게 되며, 변수 b와 s는 각각 메인함수의 변수 b와 sum의 주소를 가지게 된다. 이렇게 하면 함수에서 메인함수의 변수를 공유하게 되어 피호출함수에서 메인에 있는 변수의 값을 변경할 수 있으며, 곧 함수의 실행 결과를 메인에 전달하는 효과를 얻을 수 있다. 또한 call by value에서는 하나의 값만 return문에 의해 메인함수에 전달할 수 있지만 call by reference는 여러개의 값을 전달할 수도 있다.

**[예제 8-9] 두개의 변수에 저장되어 있는 값을 서로 바꾸어 출력하는 프로그램을 참조에 의한 함수 호출 방법으로 작성한 예이다.**

프로그램

```
#include <stdio.h>
void swap(int *x, int *y)
{
    int t;
    t = *x;
    *x = *y;
    *y = t;
    printf("swap() 함수: x=%p, %d, y=%p, %d \n", x, *x, y, *y);
}
void main()
{
    int x = 15;
    int y = 30;
    printf("swap() 함수 호출 전: x=%p, %d, y=%p, %d \n", &x, x, &y, y);
    swap(&x, &y);
    printf("swap() 함수 호출 후: x=%p, %d, y=%p, %d \n", &x, x, &y, y);
}
```

결 과

```
swap() 함수 호출 전: x=0065FDF4, 15, y=0065FDF0, 30
swap() 함수: x=0065FDF4, 30, y=0065FDF0, 15
swap() 함수 호출 후: x=0065FDF4, 30, y=0065FDF0, 15
```

위의 예제에서 main() 함수와 swap() 함수의 x, y 변수가 할당된 메모리의 주소와 저장된 값은 다음과 같다.

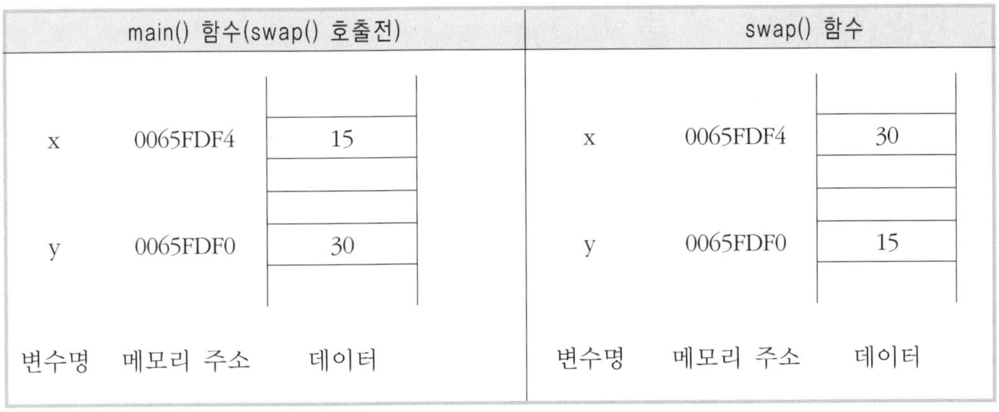


Quiz 8-4 키보드로부터 실수 데이터 3개를 입력받고, 입력받은 3개의 실수값 중에서 가장 큰 값을 찾는 함수를 작성하고, 작성한 함수를 이용하여 최대값을 찾는 프로그램을 작성하시오.
단, 실수 데이터의 입력과 최대값 출력은 main() 함수에서 수행하고, 최대값을 찾는 것은 부함수에서 행한다. 부함수와의 데이터 전달은 call by value 방법으로 작성한다.

Quiz 8-5 키보드로부터 3개의 정수를 입력받아 가장 큰 수와 작은 수를 찾아 출력하는 프로그램을 함수를 이용하여 작성하시오. 정수 데이터의 입력과 출력은 main() 함수에서 수행하고, 가장 큰 수와 작은 수를 찾는 것은 부함수에서 행한다. 단, 부함수와의 데이터 전달은 call by reference 방법으로 작성한다.

## 8.4 자기 호출함수

자기호출 함수란 한 함수에서 자신을 다시 호출하는 함수를 말하는데 자신의 함수를 자기 자신이 부르는 것을 재귀적 호출(recursive call) 또는 리커션(recursion)이라고 한다. 함수내의 변수는 자동 변수여야 하며, 인수 전달은 값에 의한 호출 방법이어야 한다.

[형식] 자기호출함수(재귀적함수)

```
데이터형 함수명 ( 인수 )
{
   문장1;
   문장2;
   return ( 함수명( 인수 ) );

}
```

**[예] 형식에 맞는 개념적인 자기호출함수**

```
int factorial ( int n)
{
   문장1;
   문장2;
   return( factorial (n-1) );

}
```

위의 형식에서처럼 자기호출 함수는 문장1과 문장2는 자신을 되부를 때마다 반복 수행하게되며 호출시 인수의 값만 변하는 것을 알 수 있다. 즉 수행하는 일은 같고 인수의 값만 변하는 문제에 적용하면 되는데 다음 factorial을 구하는 예를 가지고 살펴보기로 하자.

**[예제 8-10] 5!을 구하는 프로그램을 작성하시오.**

**프로그램 1** 반복문으로 함수 구성

```
#include <stdio.h>
int factorial( int n)
```

```
{
   int k, m=1;
   for(k=1; k<=n; k++)
   m= m * k;
   return(m);
 }

void main()
{
   int s, n = 5;
   s = factorial(n);
   printf("5! = %d",s);
 }
```

설 명 5!는 1에서 5까지 단순히 곱하면 되므로 반복문을 이용하여 일반함수로 간단히 작성할 수 있다.

프로그램 2 자기호출 함수를 이용하여 작성

```
int factorial( int n )
 {
    if(n==1 | n==0) return (1);
    else return( n * factorial(n-1) )
 }

void main()
{
    int s, n = 5;
    s = factorial(n);
    printf("5! = %d", s);
 }
```

설 명 먼저 자기호출 함수를 구성하기 위해 문제를 분석하여 보자.
일반적으로 5! = 5*(4*3*2*1) = 5*4! 로 표현 가능하다. 5!는 4!값만 구해지면 5를 곱하면 얻어진다.

4! = 4*3!로 표현되며 마찬가지로 3!값만 구해지면 4!값은 구해진다.

3! = 3*2!

2! = 2*1!

1! =1이 된다. 더 이상 나누지 않아도 1!는 1임을 알 수 있다. 역으로 올라가면서 대입하면 5!를 구할 수 있게 된다. 단 1!값을 구할 때 까지 전과정은 아직 값이 구해지지 않은 미해결 상태이기 때문에 상태를 스택이라는 저장 공간에 저장해두고 1!값이 구해지면 이 스택에서 하나씩 꺼내서 계산 한다. 분석한 5!를 일반식으로 표현해보면 다음과 같이 된다.

**일반식** n! = n * (n−1)!

1! = 1

0! = 1

일반식으로 표현된 식을 C 언어 형태로 바꾸기 위해 n!을 factorial(n)로 표현하면

factorial(n) = n * factorial(n-1)

factorial(1) = 1

factorial(0) = 1으로 표현 된다.

이 식의 의미는 0!는 1이고 1!도 1임을 표현하며, n!는 n* (n-1)임을 의미 한다. 프로그램의 자기호출함수에서

if(n==1 | n==0) return (1); else return( n*factorial(n-1) )로 표현 되어 진다.

**[예제 8-11] 1에서 n까지의 합을 구하는 프로그램을 작성하시오.**

**프로그램 1** 반복문을 이용한 일반 함수로 작성

```
int sum( int n)
{  int k, s=0;
   for(k=1; k<=n; k++)
   s = s + k;
```

```
  return (s);
}

void main()
{ int s, n=7;
  s = sum( n);
  printf("sum= %d", s);
}
```

설 명 단순히 1에서 n까지 더하는 함수를 작성한다.

프로그램 2 자기호출함수를 이용하여 작성

```
int sum( int n)
{
   if (n<=1) return (n);
   else return ( n+ sum(n-1));
   return (s);
}

void main()
{
   int s, n=5;
   s = sum( n);
   printf("sum= %d", s);
}
```

설 명 1에서 5까지 합은

sum(5) = 1 + 2 + 3 + 4 + 5 = 5 + (4 +3 + 2 +1) = 5 + sum(4)로 된다.

sum(4)= 4 + sum(3)

sum(3)= 3 + sum(2)

sum(2)= 2 + sum(1)

sum(1)= 1

일 반 식

sum(n) = n + sum(n−1)

sum(1) = 1

sum(0) = 0으로 표현되어진다.

**[예제 8-12] 키보드로부터 하나의 문장을 입력받아 입력받은 문장을 거꾸로 출력하는 프로그램이다.**

프로그램

```
#include <stdio.h>
void print_back()
{
   int ch;
   if((ch = getchar()) != '\n') /* 글자 입력 후 Enter↵ 확인 */
   print_back(); /* <Enter>가 아닌 경우 되부름 */
   putchar(ch); /* 입력받은 문자를 스택 구조로 출력 */
}
void main()
{
   printf("Input a character -> ");
   print_back();
}
```

결 과

```
Input a character -> Hello Enter↵
olleH
```

**1** 다음식을 계산하는 프로그램을 부함수를 이용하여 작성하시오.

$$y = 5x^2 - 3x + 2$$

〈보기〉

x값 입력: 2 Enter↵

계산결과: y = 16 입니다.

**2** 다음 프로그램의 실행 결과를 적으시오.

```
#include <stdio.h>
void star(int);

void main()
{
      int a;
      for(a=1; a <=5; a++) {
         printf("a = %d ", a);
         star(a);
      }
}

void star(int x)
{
      int i;
      for(i=1; i <= x; i++)
         printf("*");
      Printf("\n");
}
```

3 키보드로부터 정수 데이터를 입력받아 입력된 갯수만큼 '*'를 출력하는 프로그램을 작성하시오. 단, 정수 데이터는 main() 함수에서 반복적으로 받아들일 수 있도록 하고, 0을 입력하면 프로그램을 종료하도록 한다. '*' 출력은 부함수에서 행한다.

〈보기〉 정수값 입력: 8 [Enter↵]
* 출력: ********
정수값 입력: 4 [Enter↵]
* 출력: ****
정수값 입력: 0 [Enter↵]
* 출력: 프로그램을 종료합니다.

4 키보드로부터 1에서 9 사이의 정수 데이터를 입력받아 입력된 정수값에 해당하는 구구단을 출력하는 프로그램을 부함수를 이용하여 작성하시오. 단, 정수 데이터는 main() 함수에서 반복적으로 받아들일 수 있도록 하고, 0을 입력하면 프로그램을 종료하도록 한다. 구구단 출력은 부함수에서 행한다.

5 다음 프로그램의 실행 결과를 적으시오.

```
#include <stdio.h>
void kor(int x)
{
   switch(x)  {
      case 0: printf("k");
      case 1: printf("0");
      case 2: printf("R");
      case 3: printf("E");
              printf("A");
              printf("\n");
              break;
      default : printf("KOREA\n");
   }
}
```

```
void main()
{
    int i;
    for(i = 0; i <= 5; i++)  {
        printf("i = %d \n", i);
        kor(i);
    }
}
```

6 키보드에서 아래 보기와 같은 사칙 연산식을 입력하면 입력된 연산자에 따라 해당 연산을 수행하는 프로그램을 부함수를 이용하여 작성하시오. 키보드로부터 사칙 연산식은 반복적으로 받아들일 수 있도록 하고, 연산자 부분에 'Q' 나 'q' 를 입력하면 프로그램을 종료하도록 한다.

〈보기〉 연산식 입력: 4.3 + 5.2 Enter↵
연산 결과 : 4.2 + 5.2 = 9.4
연산식 입력: 4.3 * 5.2 Enter↵
연산 결과 : 4.2 * 5.2 = 21.8
연산식 입력: 4.3 / 5.2 Enter↵
연산 결과 : 4.2 / 5.2 = 0.8
연산식 입력: 4.3 Q 5.2 Enter↵
연산 결과 : 프로그램을 종료합니다.

Chapter 09

# 배열

같은 형의 데이터가 수십 개 있을 때 이를 저장하기 위해서는 수십 개의 변수가 필요하고, 이로 인하여 프로그램 길이가 길어져 프로그램의 간결성이 떨어진다. 따라서 이러한 단점들을 보완하기 위해 C 언어에서는 배열을 사용한다. 배열(array)이란 여러 가지 자료형 중에서 어느 하나의 데이터형의 자료를 연속적인 기억장소를 확보하여 같은 변수명으로 사용하기 위해 선언한 집합을 말한다. 일반적으로 변수를 선언함에 있어 단순 변수 등은 1개의 기억장소를 의미하지만, 동일한 자료 형이 많은 경우 자료들을 배열로 나타내어 그 배열의 원소를 특별히 지정하여 프로그램 내에서 단순 변수처럼 사용한다.

## 9.1 1차원 배열

### 1. 1차원 배열의 선언

1차원 배열을 선언하는 방식은 다음과 같다.

[형식] 데이터 형 배열명[원소의 크기]

[예] int a[5], float a[5], char a[5]

배열 선언 int a[5]는 기억장소의 연속된 공간에 a라는 이름으로 정수값을 저장하기위해 a[0], a[1], a[2], a[3], a[4]까지 총 5개의 기억 장소를 확보하는 것을 의미 한다. 이는 곧 정수형 변수를 5개를 선언하는 것과 같은 의미를 갖으며 더 편리하고 효율적으로 사용할 수 있다. 이때 C 언어에서 배열원소는 0부터 시작 한다.

[예] int a, b, c, d, e, f, g;

위의 예와같이 7개의 서로 다른 변수를 선언하는 것보다 int a[7]; 로 배열을 사용하면 같은 이름의 첨자 변수 a[0]에서부터 a[6]까지 7개의 첨자 변수가 만들어진다.

이때 데이터형은 char, int, float, double의 파생 데이터형이 있다. 배열명은 배열로 선언된 전체 데이터의 집합을 대표하는 이름으로 일반 변수 이름을 사용하는 규칙에 따른다. 예를 들어 배열이 다음과 같이 선언되었다고 하자.

```
int x[10];
```

int x[10]이라 하면, 이는 int형을 저장할 수 있는 변수 10개가 정의되어 있음을 의미하며, 이 배열 선언은 x[0], x[1],..... ,x[8], x[9]의 10개 int 변수를 말하며, 이때 배열원소는 "0"부터 시작된다. 위의 예에서 [ ] 안에 쓰여 있는 숫자를 첨자라고 부르며, 이 첨자를 프로그램에서 사용할 때는 숫자, 변수 그리고 생략해도 된다.

배열을 사용하는 이유를 생각하기 위해 다음의 예를 살펴보자.

① int x1, x2, x3, x4, x5, x6, x7, x8, x9, x10;
② int x[10];

동일한 데이터형의 변수 10개를 선언하기 위해 ①의 경우는 x1~x10으로 표현하고 있지만, ②은 간단하게 x[10]으로 표현되고 있다. 따라서 배열을 이용하게 되면 변수 선언의 표현을 간략화 할 수 있어 프로그램이 간결해지는 장점이 있다.

다음의 예는 정수형 변수 a에 2를 초기화하고 동시에 배열 x를 선언하였다. 다음

행에 있어 x[a]는 x[2]를 의미하므로 x[2]에 100이라는 값이 들어가게 된다.

```
int a = 2, x[10];
x[a] = 100;
```

**[예제 9-1] 배열을 사용하지 않고 정수 다섯 개의 합을 구하시오.**

프로그램

```
#include <stdio.h>
void main()
{
   int a=1, b =2, c=3, d=4, e=5, sum=0;
   sum = a+b+c+d+e;
   printf("합 = %d", sum);
}
```

결 과

합 = 15

설 명

5개 정수를 저장하기 위해 서로 다른 이름의 변수를 선언하여 프로그램 하였다. 50개의 정수를 이 방식으로 한다면 너무 비효율적이다.

**[예제 9-2] 배열을 사용하여 정수 다섯 개의 합을 구하시오.**

프로그램

```
#include <stdio.h>
void main()
{
   int a[5]= { 1, 2, 3, 4, 5}, k, sum=0;
   for(k=0; k<=4; k++)
   {
      sum = sum + a[k];
   }
```

```
        printf("합 = %d", sum);
    }
```

결 과 합 = 15

설 명 5개 정수를 저장하기 위해 배열을 선언하여 첨자변수를 이용한다.

## 2. 1차원 배열의 초기화와 사용

배열 int a[5]={ 3, 5, 7, 2, 9};에서 배열명 a는 배열에 할당된 메모리의 시작주소를 의미하며, 번지는 2개의 번지를 취한다. 그 이유는 1개의 번지에 1바이트 자료가 들어가기 때문이다. 만약 정수 크기를 4바이트라 하고 시작 번지를 100이라 가정하면 아래 그림과 같이 배열이 저장되어진다. 여기서 배열명인 a는 메모리의 시작주소 100 과 같으며, 첫 번째 배열 요소인 a[0]의 주소와 같다. 이때 a 는 100번지이며 &a[0]도 100번지로 같다.

| 메모리주소 | 내용 | 변수 |
|---|---|---|
| 100<br>103 | 3 | a[0] |
| 104<br>107 | 5 | a[1] |
| 108<br>111 | 7 | a[2] |
| 112<br>115 | 2 | a[3] |
| 116<br>119 | 9 | a[4] |

앞 절의 예에서 간단하게 배열을 사용하는 이유를 간략히 언급하였다. 여기서는 배열을 선언함과 동시에 초기화하는 여러 가지 방법을 살펴보자. 배열의 초기화 형식은 다음과 같다.

[형식] 데이터 형 배열명 [원소의 크기] ={숫자} 혹은 {'문자'} 혹은 " 문자열 "

위의 형식에 있어 숫자라 함은 데이터 형에 따른 자연수, 정수, 실수 등을 말하며, 문자라 함은 ASCⅡ 코드로 나타낼 수 있는 문자이다. 또한 문자열 등은 단어, 어휘, 구, 절, 문장 등을 의미한다. 위의 형식을 이용한 배열의 초기값 지정은 다음의 규칙에 따른다.

▣ 배열의 갯수와 초기값은 일 대 일로 대응된다.

```
int x[5] = { 1, 2, 3, 4, 5 };
⇒ x[0] =1; x[1] =2; x[2] =3; x[3] =4; x[4] =5;
```

만약 배열의 갯수가 초기값의 수보다 많은 경우 일대일 대응 후 나머지 배열의 값은 배열형이 정수 또는 실수형인 경우 0으로 초기화 되고, 문자형인 경우 '\0'으로 초기화 된다. 이때 마지막 데이터 뒤에는 콤마를 찍어야 된다.

```
int x[5] = { 1, 2, 3, };
⇒ x[0] =1; x[1] =2; x[2] =3; x[3] =0; x[4] =0;

char x[5] = { 'k', 'i', 'm', };
  ⇒ x[0] = 'k'; x[1] ='i'; x[2] ='m';
     x[3] ='\0'; x[4] ='\0';
```

▣ 배열의 갯수가 초기값의 수보다 적으면 Error를 발생한다.

```
int x[3] = { 1, 2, 3, 4, 5 }; Error Too many initializers
```

▣ 배열을 초기화하는 경우에만 배열의 첨자를 생략할 수 있다.

```
int x[] = { 1, 2, 3, 4, 5 };
⇒ x[0] =1; x[1] =2; x[2] =3; x[3] =4; x[4] =5;
```

▣ 배열선언에 있어 데이터형이 문자형일 경우에는 문자상수 또는 문자열로 초기화 될 수 있다.

```
char c[5] = "Test";
⇒ c[0] = 'T'; c[1] = 'e'; c[2] ='s'; c[3] = 't'; c[4] = '\0';
```

또한 문자열 배열에 있어 띄어 쓴 공간도 기억장소를 할당받는 것에 유의하여야 한다.

```
char c[11] = "I love you" ;
 ⇒ c[0]= 'I'; c[1]= ' '; c[2]= 'l'; c[3]= 'o'; c[4]= 'v'; c[5]= 'e';
   c[6]= ' '; c[7]= 'y'; c[8]= 'o'; c[9]= 'u'; c[10]= '\0';
```

**[예제 9-3] 1차원 배열을 선언하여 이 배열에 1~4까지 순서적으로 출력하는 프로그램이다.**

프로그램

```
   #include <stdio.h>
void main()
{
   int i, x[5];
   for(i = 0; i < 5; i++) x[4-i] = i;
   for(i = 0; i < 5; i++)
      printf("x[%d]= %d \n",i,x[i]);
}
```

결 과

```
x[0]= 4
x[1]= 3
x[2]= 2
x[3]= 1
x[4]= 0
```

**[예제 9-4] 1차원 배열을 선언함과 동시에 배열 원소의 수보다 초기데이터의 수가 적은 경우, 배열에 입력된 값을 출력시키는 프로그램이다.**

프로그램

```
#include <stdio.h>
void main()
{
    int i, x[3]={5, 10, };
    for( i = 0 ; i < 3 ; i++)
        printf("x[%d]= %d \n", i, x[i]);
}
```

결 과

```
x[0]= 5
x[1]= 10
x[2]= 0
```

위의 예에 있어 x[2]에 있는 내용의 값은 컴퓨터마다 서로 다르게 출력이 될 수 있는데 이것은 쓰레기 값이 저장되어 있기 때문이다.

**[예제 9-5] 1차원 배열에 초기값을 10, 30, 25, 70, 50으로 하고, 그들의 합과 평균을 계산하여 출력시키는 프로그램이다.**

프로그램

```
#include <stdio.h>
void main()
{
    int i, data[ ] = {10, 30, 25, 70, 50 }, sum = 0;
    float ave;
    for(i = 0; i < 5; i++)
        sum += data[i];
    ave = (float)sum / 5;
    printf("TOTAL=%d \n AVERAGE=%.2f \n",sum,ave);
}
```

결 과

```
TOTAL = 185
AVERAGE = 37.00
```

## [예제 9-6] 100이하의 정수를 읽어들여 오름차순으로 정렬하는 프로그램

프로그램

```
  #include <stdio.h>
void bubble(int data[  ],unsigned n)
 { /* 버블 정렬(bubble sort) */
   register i, j;
   int s;
   for (i = 0; i < n-1; i++)
      for (j = n-1; j > i ; j--){
           if (data[j-1] <= data[j]) continue;
           s = data[j-1];
           data[j-1] = data[j];
           data[j] = s; }
 }

void main()
{
   int data[100], i, n;
   printf("Input the number of data: ");
   scanf("%d",&n);
   for (i = 0; i <= n - 1; i++) scanf("%d",&data[i]);
   bubble(data,n);
   printf("Sorted data: ");
   for (i = 0; i <= n - 1; i++) {
       printf("%5d",data[i]);
       if ((i + 1) % 5 == 0) printf("\n"); }
}
```

결 과

```
Input the number of data: 5 Enter↵
3 7 4 6 5 Enter↵
Sorted data: 3 4 5 6 7
```

**[예제 9-7] 1차원 배열에 저장된 값들을 다음과 같은 행렬의 형태로 각각 출력하여라. 즉 홀수행은 오름차순으로 짝수행은 내림차순으로 정렬**

```
1 2 3
6 5 4
7 8 9
```

프로그램

```
#include <stdio.h>
void main()
{
   int i, j;
   int x[ 9 ] = { 1, 2, 3, 4, 5, 6, 7, 8, 9};
   printf(" ### 3 * 3 행렬 ###\n");
   for( i = 1; i <= 3; i++ ){
      for( j = 0; j < 3; j++ ){
         if( i % 2 ) printf( "%3d ", x[ 3 * (i-1) + j ] );
         else printf( "%3d ", x[ 3 * i - (j+1)] );
      }
      printf( "\n" );
  }
}
```

**[예제 9-8] 키보드로부터 입력한 문자열을 출력하는 프로그램**

프로그램

```
#include <stdio.h>
void main()
{
   char str[80];
   int i;
   printf( " Enter a string ( less then 80 chars) : " );
   gets(str);
   for( i = 0; str[i]; i++ ) printf( "%c ",str[i]);
}
```

결 과

```
Enter a string ( less then 80 chars) : Turbo-C [Enter↵]
T u r b o - C
```

## 9.2 다차원 배열

9.1절에서는 1차원 배열의 사용법에 대해서 논의하였다. 본 절에서는 1차원 배열을 확장한 다차원 배열에 대해서 알아보자. 다차원 배열이라 함은 2차원 배열 이상을 말하며, 배열선언에 있어 중괄호([ ])가 두 개 이상 있음을 의미하고 그 형식은 다음과 같다.

### 1. 2차원 배열

[형식] 자료형 배열명[첨자][첨자];

int a[3][4], float a[3][4]등과 같이 선언하여 사용한다.

### 2. 2차원 배열의 저장 방식

예를 들어 아래와 같이 2차원 배열이 선언되었다고 하자.

```
int x[2][3];
```

이 배열은 첨자가 2개로 기술되고 있어 기억장소의 개수가 6개이며, 메모리 공간은 12byte이다. 이때 메모리상의 기억장소 생성은 행 우선 방식으로 만들어지기 때문에 다음과 같은 순서를 갖는다.

| 메모리 | x[0][0] | x[0][1] | x[0][2] | x[1][0] | x[1][1] | x[1][2] |
|---|---|---|---|---|---|---|

따라서 2차원 배열은 다차원 배열이지만 메모리는 1차원이기 때문에 결국 1차원 형태로 메모리에 존재하게 된다.

다차원 배열도 1차원 배열과 같이 초기값을 줄 수 있으며, 2차원 배열에서 행의 크기는 생략할 수 있다. 다음의 예를 들어 다차원 배열의 초기화 방법을 살펴보자. 우선 아래와 같이 2차원 배열이 선언됨과 동시에 초기값이 주어졌다고 가정하자.

① int x[2][3] = { { 1, 2, 3 }, { 4, 5, 6 } };

위의 2차원 배열 선언에 있어 메모리상의 배열의 값은 다음과 같다.

| 메모리 | x[0][0]=1 | x[0][1]=2 | x[0][2]=3 | x[1][0]=4 | x[1][1]=5 | x[1][2]=6 |
|---|---|---|---|---|---|---|

다음의 경우는 중괄호 구분없이 초기값을 주고 있다. 이 경우 메모리에 위치하는 순서대로 초기값이 2차원 배열 변수에 할당된다. 이때 맨 처음 첨자를 생략하여도 된다. 2차원 배열이 행우선 방식으로 저장되므로 열의 개수만 알면 행의 개수는 자동으로 알 수 있다.

② int x[][3] = { 1, 2, 3, 4, 5, 6 };

다음의 경우와 같이 2차원 배열 선언시 열의 크기를 생략하였을 경우는 컴파일 에러를 발생시킨다.

③ int x[][] = { 1, 2, 3, 4, 5, 6 };

→ 에러 발생, 열의 크기는 생략할 수 없다.

다음의 경우는 3차원 배열의 선언과 동시에 초기화하는 예이다. 마찬가지로 맨 처음 첨자는 생략할 수 있으나, 그 외 첨자는 생략할 수 없다.

④ int y[2][3][2] = { { {1,2}, {3,4}, {5,6} },
{ {7,8}, {9,10}, {11,12} } };

⑤ int y[][3][2] = { 1, 2, 3, 4, 5, 6, 7, 8, 9, 10, 11, 12 };

## [예제 9-9] 2차원 배열을 선언함과 동시에 초기화하고 주소값을 계산

프로그램

```
#include <stdio.h>
void main()
 {
   int i, j, x[3][3]={{1,3,5},{20,40,60},};
   for(i = 0; i < 3; i++){
      printf("\n");
      for(j = 0; j < 3; j++)
          printf("x[%d][%d]= %3d : Addr.= %X", i, j, x[i][j], &x[i][j]);
  }
}
```

결 과

```
x[0][0]=1: Addr.=65FDCC x[0][1]=3: Addr.=65FDD0
x[0][2]=5: Addr.=65FDD4
x[1][0]=20: Addr.=65FDD8 x[1][1]=40: Addr.=65FDDC
x[1][2]=60: Addr.=65FDE0
x[2][0]=0: Addr.=65FDE4 x[2][1]=0: Addr.=65FDE8
x[2][2]=0: Addr.=65FDEC
```

## [예제 9-10] 2차원 배열을 선언하여 배열값을 계산

프로그램

```
#include <stdio.h>
void main()
{
   int i, j, x[5][5];
   for(i = 0; i < 5; i++)
   for(j = 0; j < 3; j++)
        x[i][j] = i * j;
   for(i = 0; i < 5; i++){
        printf("\n");
        for(j = 0; j < 3; j++)
```

```
            printf("x[%d][%d] = %3d\t", i, j, x[i][j]);
    }
}
```

결 과

```
x[0][0] = 0 x[0][1] = 0 x[0][2] = 0
x[1][0] = 0 x[1][1] = 1 x[1][2] = 2
x[2][0] = 0 x[2][1] = 2 x[2][2] = 4
x[3][0] = 0 x[3][1] = 3 x[3][2] = 6
x[4][0] = 0 x[4][1] = 4 x[4][2] = 8
```

Quiz 9-1 2차원 배열에서 문자열과 데이터를 할당하여 배열의 내용을 출력하는 프로그램을 분석하시오.

```
#include <stdio.h>
void main()
{
    int i, j;
    char x[2][8]={{10, 20, 30, 40, 50,}, {"Turbo-C"}};
    i = 0; printf("\n");
    for(j = 0; j < 8; j++)
       printf(" x[%d][%d] = %3d ", i, j, x[i][j]);
    i = 1; printf("\n");
    for(j = 0; j < 8; j++)
       printf("x[%d][%d] = %c ", i, j, x[i][j]);
}
```

### [예제 9-11] 2차원 배열을 이용한 구구셈 계산

프로그램

```
#include <stdio.h>
 int mult[9][9];
 print_rindx(void)
 {
       int rind;
       for (rind = 1; rind <= 9; rind++) printf(" %2d ", rind);
       printf("\n");
       return 0;
 }
 print_row(int row){
         int k;
         printf("%2d | ", row + 1);
         for (k = 0; k < 9; k++) printf(" %2d ", mult[row][k]);
         printf("\n");
         return 0;
   }
void main()
{
    int a[9] = { 1, 2, 3, 4, 5, 6, 7, 8, 9 };
    int b[9] = { 1, 2, 3, 4, 5, 6, 7, 8, 9 }, i, j, index;
    for(i = 0; i < 9; i++)
            for(j = 0; j < 9; j++)
               mult[i][j] = a[i] * b[j];
    printf(" X | ");
    print_rindx();
    for (index = 0; index < 9; index++) print_row(index);
}
```

결 과

```
X | 1 2 3 4 5 6 7 8 9
1 | 1 2 3 4 5 6 7 8 9
2 | 2 4 6 8 10 12 14 16 18
```

```
3 | 3 6 9 12 15 18 21 24 27
4 | 4 8 12 16 20 24 28 32 36
5 | 5 10 15 20 25 30 35 40 45
6 | 6 12 18 24 30 36 42 48 54
7 | 7 14 21 28 35 42 49 56 63
8 | 8 16 24 32 40 48 56 64 72
9 | 9 18 27 36 45 54 63 72 81
```

Quiz 9-2 행렬 A, B에 대해 2차원 배열을 이용하여 3*3행렬을 선언하고, A+B, A*B를 계산하는 프로그램을 작성하여라.

Quiz 9-3 다음의 프로그램을 실행하면 결과 값은 ?

```
#include <stdio.h>
int x[]= {0,1,2,3,4,5};
void main()
{
  int i=0;
  i++; printf("x[%d] = %d \n ", i, x[i]);
  ++i; printf("x[%d] = %d \n ", i, x[i]);
  i--; printf("x[%d] = %d \n ", i, x[i]);
  --i; printf("x[%d] = %d \n ", i, x[i]);
}
```

## 9.3 문자열 처리

C 언어에서는 문자열을 표현하는 데이터 형이 따로 없기 때문에 문자열을 표현하기 위하여 char 형의 배열을 사용한다. 즉, 문자열을 가변적인 길이를 갖는 최대 길이가 문자열의 크기인 배열로 생각한다.

## 1. 문자열 상수

컴파일러는 이중 따옴표(double quotes) " "에 포함된 문자들을 스트링 상수(character string constant)로 인식하며, 기억장소에 저장될 때 문자열 끝에는 '\0'가 저장 된다. 즉 다음과 같다.

"abc" ==> | a | b | c | \0 |

" " ==> | \0 | /* null string */

문자열 상수는 정적 기억장소에 할당되며, 따옴표 속의 문자열은 이 문자열이 저장된 장소에 대한 포인터 역할을 한다. 따라서 문자열을 가리킨다는 것은 문자열의 첫 문자가 기억된 번지를 가리킨다는 의미이다. 그리고 문자열의 길이는 문자열을 이루는 널(Null)문자 이전까지의 문자의 개수이다.

## 2. 문자 배열의 초기화

char 형 배열의 초기화 방식은 다음과 같다. 아래의 방식은 모두 같은 값을 가진다.

```
char a[5] = {'A', 'B', 'C', 'D', '\0'};
char a[5] = "ABCD";
char a[ ] = "ABCD"; 또는 char s[ ] = {"ABCD"};
char *s1 = "ABCD";
```

- 배열의 크기가 문자열 상수의 길이보다 클 경우, '\0'으로 채워진다.
  예) static str[6]="ABC";
- 배열의 크기가 문자열 상수의 길이보다 작을 경우는 오류로 처리된다.
- 문자열 상수는 '\0'까지이다.
  char str[ ]="abc\0def"; 와
  char str[ ]="abc"는 같은 문자열이다.
- 배열의 이름은 주소이므로 배열 이름에 문자열을 치환할 수 없다. 즉 오류가

발생한다.

str = "ABCD"; // 오류

- 여러 개의 문자열 상수를 초기화하기 위하여 2차원 배열을 사용한다.

  static char language[4][5]={"aaa", "bbb", "c", "dddd",};

## 3. 문자열 입출력 함수

gets(), puts(), scanf(), printf() 등이 있으며, 자세한 내용은 3장을 참조하길 바란다.

Quiz 9-4 다음 프로그램의 실행 결과를 예측하여 보시오.

```
#include <stdio.h>
void main()
{
 char str[80];
 while ( gets(str) != NULL)
 puts(str);
}
```

## 4. 문자열 처리 함수

대부분의 C 라이브러리는 문자열을 처리하기 위해 많은 문자열 관련 함수를 제공해 준다. 이 중 가장 많이 사용하는 4가지 문자열 함수는 strlen(), strcpy(), strcmp(), strcat()이며, 특히 주의해야 할 점은 헤더 파일에 <string.h>를 첨가하여야 한다는 사실이다.

- strlen() 함수

strlen() 함수는 문자열의 길이(length), 즉 문자열의 문자 수를 반환하는 함수로 Null문자는 계산하지 않는다. 일반적인 형식은 다음과 같다.

[형식] strlen(str);

```
char str[80] = "love";
int i, j;
i=strlen(str);
j=strlen("");
printf("i = %d, j = %d \n", i, j); /* 출력 결과 : i = 4, j = 0 */
```

• strcpy() 함수

strcpy() 는 문자열을 복사(copy)하는 함수로 일반적인 형식은 다음과 같다.

[형식] strcpy(a, b);

이 함수는 b가 가리키는 문자열을 a가 가리키는 문자열로 복사하며, b의 내용은 바뀌지 않는다. 이 함수는 사용 시의 경계를 검사하지 않기 때문에 받아들이는 배열은 널문자를 포함해서 b의 문자열을 모두 저장할 수 있도록 충분히 크게 잡아주어야 한다.

```
char s1[]="beautiful Sunday", s2[]="A nice day", s3[80];

strcpy(s3, s2); /* s3의 내용 : A nice day */
strcpy(s3, s1); /* s3의 내용 : beautiful Sunday */
```

• strcmp() 함수

strcmp() 함수는 두 개의 문자열을 비교(compare)하여, 첫 번째로 불일치하는 문자 쌍을 찾아 그 ASCII 코드 값의 차이를 반환하는 함수이다. 두 문자열이 같으면 0을 반환하고, s1이 s2보다 크면 양수를, 작으면 음수를 반환한다. 한 가지 중요한 사실은 문자열 비교 시 문자열의 길이는 전혀 고려하지 않는다는 사실이다. 일반적인 형식은 다음과 같다.

[형식] strcmp(s1, s2);

```
char str1[]="oranges", str2[]="orange";
```

```
printf("%d\n", strcmp(str1, str2)); /* 출력 결과 : 115 ('s' - '\0' = 115) */
strcmp("A", "A"); /* 반환 결과 : 'A' - 'A' = 0 */
strcmp("A", "a"); /* 반환 결과 : 'A' - 'a' = -32 */
```

- strcat() 함수

strcat() 함수는 문자열의 배열을 다른 문자열에 연결(concatenate)하는 함수로, 일반적인 형식은 다음과 같다.

**[형식]** strcat(a, b);

이 함수는 b의 문자열을 a의 문자열 뒤에 추가한다. 이 함수의 사용 시 주의 사항 또한 경계를 검사하지 않기 때문에, a의 문자열에 b의 문자열을 추가할 수 있도록 a의 배열이 충분히 커야 한다.

```
char str[100];
strcpy(str,"I am");
strcat(str,"a boy");
puts(str); /* 출력 결과 : I am a boy */
strcpy(str,"-");
strcat(str, str2);
strcat(str1, str);
puts(str1); /* 출력 결과 : oranges-orange */
```

## 연습문제

1 다음의 데이터를 1차원 배열에 기억시킨 후, 이 값의 합과 평균을 구하는 프로그램을 작성하여라.

data : 57, 45, 89, 23, 45

2 자신의 학번과 이름을 1차원 배열에 저장한 후 이를 화면상에 출력시키는 프로그램을 작성하여라.

3 1차원 배열을 이용하여 1~20까지의 수에서 5의 배수만 구하는 프로그램을 작성하여라.

4 2차원 배열을 이용하여 구구셈을 구하는 프로그램과 각 행과 각 열의 합을 구하는 프로그램을 하시오.

5 아래의 표에 있는 문자들을 배열에 대입하고, 이를 화면상에 출력하는 프로그램을 작성하여라.

| C | o | n | T | r | o | l |
|---|---|---|---|---|---|---|
| P | L | O | N | E | | |

6 위의 5번 문제에 있어 대문자를 소문자, 소문자는 대문자로 출력하여라.

7 아래 문장의 수행 결과를 기술하시오. 만약 에러를 포함한다면, 에러를 수정한 후 결과를 기술하시오.

```
char s1[50] = "dong", s2[50] = "gill", s3[50], *sptr;
  a) printf("%c%s", toupper(s1[10]), &s1[1]);
  b) printf("%s", strcpy(s3, s2));
  c) printf("%s", strcat(strcat(strcpy(s3, s1), " and "), s2));
  d) printf("%u", strlen(s1) + strlen(s2));
  f) printf("%u", strlen(s3));
```

8 아래의 프로그램을 분석하여 무엇을 하는 프로그램인지를 기술하시오.

```
#include <stdio.h>
void main()
{
   int i, arr1[20], arr2[20];
   for (i=1; i<20; i++) {
      arr1[i-1] = i;
      arr2[i-1] = arr1[i-1];
      printf("%d ", arr2[i-1]);
   }
}
```

Chapter
10

# 포인터

## 10.1 포인터 변수의 정의

포인터는 변수의 일종으로 데이터를 갖고 있는 것이 아니라 메모리의 주소(address)를 표현하는 자료형이다. 포인터 변수는 어떤 데이터가 기억된 장소의 주소를 기억할 수 있는 변수를 말한다. 즉, 포인터가 가리키는 대상은 바로 어떤 데이터가 저장되는 메모리의 주소이며, 포인터 변수의 내용은 데이터가 아니라 번지이다. 이러한 번지를 이용하여 배열이나 구조체 데이터를 직접 메모리에서 꺼내거나 기억하게 할 수 있다. 포인터 변수를 선언하기 위한 일반 형식은 다음과 같다.

[형식] type *var_name;

int *p, float *q, char *r 등으로 선언하여 사용한다.

여기서 type은 포인터 형의 기본형(base type)으로 포인터가 가리킬 수 있는 객체의 형이다. 변수 이름(var_name) 앞에 있는 '*'는 컴퓨터에게 포인터 변수를 생성한다는 것을 알려준다. 즉, 간접 참조(indirection reference) 또는 역참조(dereferencing) 연산자라 불리는 '*' 연산자는 이 연산자 뒤에 오는 주소에 저장된 값을 반환한다. 그리고 또 다른 연산자인 '&'는 이 연산자 뒤에 오는 변수의 주소를 반환한다. 예를 들면, p라는 변수가 q라는 다른 변수의 주소(1000이라 가정)를 가지고 있다면, "p는 q를 가리킨다"라고 말한다. 그림 10-1은 아래 프로그램 문장에 대한 포인터 변수의 메모리 저장 내용과 개념적 표현을 나타낸다.

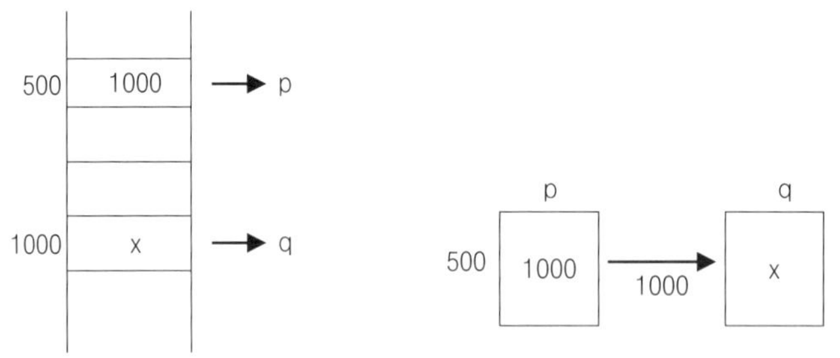


```
char *p, q;
q = 'x';
p = &q;
```

[그림 10-1] 포인터 변수의 메모리 저장 내용과 포인터의 개념적 표현

포인터 변수의 초기화 형식은 다음과 같다.

```
type *var_name = i_value;
```

여기서 i_value는 초기값의 주소를 의미하며, 일반 변수의 번지, 다른 포인터 변수, 포인터 상수가 될 수 있다.

```
char q;
int *p = &q;
```

위의 초기화 예는 *p의 초기화가 아니라, 포인터 p의 초기화임을 명심하라. 따라서 위의 초기화는 int *(p = &q); 와 같다. 그리고 변수 q는 그 주소를 사용하기 전에 미리 선언되어져 있어야만 한다. 다음은 포인터 변수의 초기화 형태에 따른 예이다.

- 변수 주소의 & 연산자 배정

  int a, *p = &a;

- 배열의 시작 주소 배정

  int a[10], *p = a;

- 배열 원소의 & 연산자 배정

  int a[10], *p = &a[5];

- 문자열의 시작 주소 배정

  char *p = "aaa bbbb";

## 1. '&' 연산자

'&' 연산자는 단항 연산자로 주소 연산자라 하며, 포인터 변수에 주소를 할당할 때 이 '&' 연산자를 사용한다.

'&'연산자(주소 연산자) - 변수의 실제 주소를 의미하며, 아래 그림을 예로 이해하자.

- '&' 연산자의 사용 예 ( &a 는 100 )

| 주소 | 100 | 200 |
|---|---|---|
| | 15 | 100 |
| 변수 | a | p |

```
int a=15;
int *p;
p=&a; /* &a 는 변수 a의 주소 100과 같다*/
printf(" %p, %d", p, *p); // p는 주소 100 이며, *p는 값 15이다.
```

- '&' 연산자의 사용 예

```
int a=10;
int *ap;
ap=&a;
```

- '&' 연산자를 사용할 수 없는 예

&5 /* 5는 변수가 아니라 상수이다. */

&(a+b) /* a+b는 변수가 아니라 수식이다. */

&&x /* &(&x)가 되어 &(주소)가 되는데, 주소는 변수가 아니다.*/

register int x; /*register형의 변수는 주기억장치가 아닌 레지스터에*/

&x; /* 할당되기 때문에 주소라는 것이 있을 수가 없다. */

int s[10];

&s /* 배열명은 배열의 시작 주소를 의미하는 상수값이다. */

## 2. '*' 연산자

포인터 변수를 사용하는 목적은 그 변수가 값으로 갖고 있는 주소의 데이터를 사용하기 위해서이다. 포인터 변수가 값으로 갖고 있는 주소의 데이터를 사용하고자 할 때에는 '*'를 사용하면 되는데, 이것은 주소에 대한 반대 개념이다.

- 자료형이 같은 주소를 갖는 포인터

```
int a=15, b;
int *ap = &a, *bp;
bp = ap;
b = *bp + *ap;
```

ap가 a의 주소를 갖고 있는데 ap의 값을 bp에 할당했으므로 bp도 a의 주소를 갖게 된다. 따라서 *ap와 *bp는 모두 a가 되므로 b=a+a가 되어 b의 값은 30이 된다.

- 자료형이 다른 주소를 갖는 포인터

```
int a=15, *ap=&a;
char c='A', *cp=&c;
cp=(char *)ap;
```

cp의 값과 ap의 값이 다른 것은 아니다. 둘 다 변수 a의 주소를 값으로 갖게 되는

데 '*' 연산자를 사용할 때 차이가 발생한다. 즉, *ap의 경우에는 주소에 int형의 데이터가 있다고 간주하여 그 주소로부터 2바이트의 값을 가져오는 반면 *cp의 경우에는 주소에 char형의 데이터로 간주하여 그 주소로부터 1바이트의 값만 갖게 된다.

**[예제 10-1] 변수 i의 주소를 ip가 갖고 있기 때문에 *ip의 메모리 내용은 i의 메모리 내용과 같다.**

프로그램

```
#include <stdio.h>
void main()
{
   int i;       /* int형 변수는 필요로 한 int값을 저장 */
   int *ip;     /* int형 포인터 변수는 int형 변수의 번지를 저장 */
   i = 256;  /* 256 == 0x100(16진법) */
   ip = &i;
   printf("ip=%d \n",*ip); /* *ip는 ip가 가리키고 있는 메모리의 내용*/
}
```

결 과

```
ip=256
```

**[예제 10-2] 포인터를 사용하여 두 정수의 합을 구하시오.**

프로그램

```
#include <stdio.h>
void main()
{
   int a=5, b= 7, s=0;
   int *pa, *pb, *ps;
   pa = &a;
   pb = &b;
   ps = &s;
   *ps = *pa + *pb; // s = a + b와 같다
   printf(" 합 = %d", *ps);
```

```
}
```

결 과 합 =12

설 명 *ps = *pa + *pb;는 s = a + b 와 같다

**[예제 10-3] 포인터를 사용하여 두 정수값을 서로 교환 하세요.**

프로그램

```
#include <stdio.h>
void main()
{
   int a=5, b= 7, temp;
   int *pa, *pb;
   pa = &a;
   pb = &b;
   temp = *pa;
   *pa = *pb;
   *pb = temp;
   printf("a = %d, b = %d", a, b);
}
```

결 과 a = 7, b = 5

# 10.2 포인터와 문자열

문자열(스트링)이란 문자가 여러 개 모여서 이루어진 문자열을 말한다. C 언어에서는 제일 마지막 부분의 널 문자(\0)의 유무로 스트링을 판단한다. 스트링 자체가 배열이므로 이를 다루고자 할 때에는 당연히 char형의 포인터나 배열을 사용하는

것이 좋은데, 특히 char형의 포인터를 사용할 경우에는 바로 스트링을 할당할 수 있다. 그리고 참고로 스트링에서 주의해야 할 것은 ' '는 문자이고, " "는 문자열이라는 것이다. 다음은 포인터로 스트링을 활용하는 예제이다.

**[예제 10-4] char 형 포인터를 이용하여 스트링을 출력하여 보자.**

프로그램

```
#include <stdio.h>
void main (void)
{
   char a[10] = "Cat";
   char *p = "Dog";
   char *ptr;
   ptr = a;
   printf( "a = %s, p = %s, ptr = %s", a, p , ptr );
}
```

결 과

```
a=Cat, p=Dog, ptr=Cat
```

# 10.3 포인터와 배열

배열은 하나의 변수명에 여러개의 데이터를 기억시키는 기억장소의 선언이다. 이러한 변수명을 배열명이라 한다. 또한 그 속에 포함되는 하나하나의 데이터를 요소라고 하며, 그 배열명이 기억해야 할 요소 수를 [ ]속에 지정한다.

포인터 배열은 배열명 앞에 별표(*)를 붙여 나타내며, 포인터를 사용하여 배열의 각 요소를 참조할 수 있다.

포인터 배열

[형식] : 데이터형 *배열명 [요소수];

예 : char *a[5];

int *b[10];

자료 유형이 char이면 *배열명[n]으로 나타내는 값은 문자가 된다. int이면 *배열명[n]으로 나타내는 값은 정수가 된다. 배열명은 일종의 포인터로 배열의 시작 주소를 고정적으로 나타내는 정수값이다. 따라서 배열명 a를 사용하여 배열의 시작 주소를 포인터에 대입할 수는 있지만, 배열명 a에 무엇을 대입하여 값을 변경시킬 수는 없다.

**[예제 10-5] 포인터 배열의 의미를 생각해 보자.**

프로그램

```
#include <stdio.h>
void main()
{
   int a[5]={10, 20, 30, 40, 50};
   int k;
   int *b;
   b= &a[0];
   for(k=0 ; k<5 ; k++)
   printf("a[%d]=%d \n", k, *(b+k));
}
```

결 과

```
a[0] = 10
a[1] = 20
a[2] = 30
a[3] = 40
a[4] = 50
```

설 명

b= &a[0]는 b=a 와 같으며 b는 배열의 첫 번째 요소의 주소를 갖는다.

### [예제 10-6] 포인터를 이용하여 배열에 저장된 값을 합하는 프로그램.

프로그램

```
#include <stdio.h>
void main()
 {
    int a[]={10, 20, 30, 40, 50};
    int sum=0;
    int *b;
    b= a;
    do {
       sum += *b++;
    } while (b <= &a[4]);
    printf("sum = %d \n", sum);
}
```

결 과

```
sum = 150
```

### [예제 10-7] 포인터를 이용하여 2차원 배열을 참조해 보자.

프로그램

```
#include <stdio.h>
void main()
{
   int ab[3][3]={{1,2,3}, {4,5,6}, {7,8,9}};
   int i, *p;
   p = ab[1];
   for(i=0; i<3; i++)
   printf("ab[1][%d] = %d \n", i, *(p+i));
}
```

결 과

```
ab[1][0] = 4
ab[1][1] = 5
ab[1][2] = 6
```

## 10.4 다중 포인터

포인터에 할당된 메모리의 번지를 기억내용으로 하는 포인터를 이중포인터라고 한다. 포인터 변수의 주소값이란 포인터 변수 자신이 저장된 기억장소의 주소를 말한다. 따라서 포인터 변수의 주소값을 변수의 값으로 저장하는 변수는 포인터의 포인터라고 할 수 있다.

다중 포인터

int **a; …… 2중 포인터

int ***b; …… 3중 포인터

a는 이중 포인터 변수이고, b는 삼중 포인터 변수이다. 이때, *a는 포인터 상수, **a는 정수의 의미를 가진다. 포인터 변수는 어떤 변수를 가리키는 번지를 저장하는 변수이다. 그리고 포인터의 포인터는 포인터 변수의 번지를 기억하는 변수이다.

**[예제 10-8] 포인터의 포인터 개념을 이해하고 주소와 데이터를 구분해 보자.**

프로그램

```
#include <stdio.h>
void main()
 {
    int a, *b, **c;
    a = 10;
    b = &a;
    c = &b;
    printf("c = %d \n", **c);
 }
```

결 과

```
c = 10
```

설 명

int a에서 변수 a는 정수값을 기억하는 변수이며, int *b는 포인터 변수로 정수가 기억되어 있는 주소를 기억한다. int **c에서 변수 c에는 정수값이 있는 기억장소의 주소를 갖고 있는 곳의 주소를 기억한다.

1 포인터 배열에서 배열 이름은 포인터를 가리키는 포인터이기 때문에 이중 포인터 상수라고 생각해도 된다.

2 소문자로 입력된 영문자열을 단어의 첫 문자만을 대문자로 나머지는 소문자로 출력하는 프로그램을 작성하시오.

3 포인터 배열 변수를 사용하여 3개의 문자열을 입력하고 출력하는 프로그램을 작성하시오.

4 3×3 배열의 수를 입력하고 가로, 세로의 합을 구하는 프로그램을 작성하시오.

5 키보드로부터 5개의 수를 입력받아 올림차순으로 정렬하는 프로그램을 작성하시오.

6 학생수가 30명인 한 학급의 국어, 영어 점수를 2차원 배열에 입력한 다음 학생 각각의 총점, 평균, 석차를 구하는 프로그램을 작성하시오.

7 문자열을 입력받아 각 문자의 ASCII 코드값을 출력하는 프로그램을 작성하시오.

8 포인터 x, y, z 값들의 합을 구하는 sum()함수를 작성하시오.

9 단어는 문자열 속에 있는 공백에 의해서 구분된다고 가정할 때 문자열 안에 있는 단어의 수를 계산하되 포인터를 이용하시오.

Chapter 11

# 기억 클래스와 전 처리기

C 언어에서는 데이터를 기억시키는 기억 장소를 효율적으로 사용하기 위하여 문자형, 정수형, 실수형 등으로 데이터의 형을 구분하여 사용한다.

또한, 컴퓨터에서는 데이터를 기억시키는 기억 장소의 종류에 따라 처리 속도가 다르기 때문에 프로그램의 효율성을 높이기 위하여 필요에 따라 데이터를 저장시키는 기억 장소를 구분하여 사용한다. 이와 같이 데이터를 저장시키는 기억 장소의 종류에 따라 기억 클래스를 auto, static, extern, register 변수 등으로 분류한다.

C 언어에서 문자형, 정수형, 실수형 등의 자료형은 자료의 크기를 규정한데 반하여, auto, static, extern, register 변수 등의 기억 클래스는 특정 자료가 기억될 장소(memory)의 종류를 말한다.

## 11.1 변수의 유효 범위

C 언어에서 사용되는 변수는 변수가 선언되는 위치에 따라 그 변수를 사용할 수 있는 범위가 서로 다르다. 이와 같이 변수의 사용 범위에 따라 지역변수와 전역변수로

분류한다.

지역변수란 변수가 특정 함수의 내부에서 선언되고, 그 변수가 선언된 함수 내에서만 유효한 변수를 말하며, auto 변수, register 변수 그리고 함수 내에서 선언된 static 변수 등이 그 예이다. 따라서 특정 함수의 내부에서 선언된 지역변수는 다른 함수에서는 사용할 수 없다. 또한 블럭내에서 선언되면 그 블록내에서만 유효한 지역변수 이다.

전역변수는 하나의 프로그램에 사용한 모든 함수에 영향을 미치는 것으로 함수 밖에서 선언되고, 그 모듈 내에 있는 모든 함수로부터 참조 가능한 변수를 말하며, extern 변수와 함수 밖에서 선언된 static 변수 등이 그 예이다.

지역변수 : 함수 내에서 정의되고, 함수 내에서만 참조되는 변수

전역변수 : 함수 밖에서 정의되고, 모든 함수에서 참조가 되는 변수

**[예제 11-1] 지역변수와 전역변수**

프로그램

```
#include <stdio.h>
int sum=0; /* 전역 변수 */
void main()
 {
    int a=5, b=7; /* 지역 변수 */
    plus(a, b);
    printf(" sum = %d", sum);
  }
  int plus(int a, int b)
  {
    sum = a + b;
  }
```

결 과

```
sum = 12
```

설 명 함수 밖에서 선언된 변수 sum은 전역 변수의 개념으로 프로그램 전체영역에서 사용가능하다. 즉, main 함수와 plus함수에서 모두 사용 가능하다. 함수내에서 선언된 변수 a와 b는 지역변수로 선언되어 함수 내부에서만 사용 가능하다. 위 프로그램은 전역 변수를 이용하여 함수의 결과값을 호출 함수에 자동으로 전달하는 프로그램이다.

**[예제 11-2] 지역변수와 전역변수를 사용한 프로그램의 예이다. 각 변수의 선언된 위치와 유효 범위에 따른 출력 결과를 비교하여 보자.**

프로그램

```
#include <stdio.h>
int gv;   /* 전역변수 */
sub()
{
    int i, sum=0;      /* 지역변수 */
    for(i=1; i <=10; i++)
       sum += i;
    gv = sum;
    printf("sub() 함수의 sum = %d, gv = %d\n", sum, gv);
}
void main()
{
    int sum = 0; /* 지역변수 */
    sub();
    printf("main() 함수의 sum = %d, gv = %d\n", sum, gv);
}
```

결 과

```
sub() 함수의 sum = 55, gv = 55
main() 함수의 sum = 0, gv = 55
```

## 11.2 자동변수

자동변수란 컴퓨터 메모리의 스택 영역(데이터를 일시적으로 기억시키는 메모리 영역)에 데이터를 저장하는 변수로서 어떤 함수의 내부 또는 함수 내의 블록 안에서 선언된 변수를 말한다.

자동변수는 메모리의 스택 영역을 사용하기 때문에 변수가 선언되어 있는 함수가 실행됨과 동시에 생성되고 함수의 실행이 종료됨과 동시에 소멸되며, 함수 내부에서 선언되기 때문에 그 변수가 선언된 함수나 블록 내에서만 사용할 수 있는 지역변수의 한 예이다. 따라서, 이름이 같은 자동변수를 다른 함수 내에서 또는 그 함수의 다른 블록 내에서 사용해도 서로 다른 변수로 취급한다.

자동변수는 그 변수가 선언된 함수가 시작되어야 생성되기 때문에 컴파일(compile) 시에 초기화되지 않는다. 따라서 자동변수를 선언할 때 초기치를 지정하지 않으면 부정치(garbage: 쓰레기값)를 갖게 되므로 반드시 초기치를 부여한 후에 사용하는 것이 바람직하다.

C 언어에서 사용하는 대부분의 변수들은 자동변수 기억 클래스 (memory class)이기 때문에 변수형 선언시 특별히 기억 클래스를 지정하지 않으면 자동변수가 된다. 즉, 지금까지 사용한 대부분의 변수는 자동변수이다.

[형식] auto 데이터형 변수1, 변수2, …;

[예]
```
auto int a, b;
int a, b;
```

■ auto

- 자동변수로 선언할 때 변수의 데이터형 앞에 auto를 적는다.
- C 언어에서 사용하는 대부분의 변수들은 자동변수이기 때문에 auto를 생략해도 자동변수로 인정한다.

[예]
```
void main()
{
```

```
    auto int i; /* 자동변수는 지역변수라고도 한다. */
    auto char c; /* auto는 예약어로 생략 가능함 */
    int k;
    float m;
:
}
```

## 11.3 정적변수

정적변수는 메모리의 정적영역에 데이터를 저장하기 때문에 프로그램의 시작에서 실행이 끝날 때까지 데이터가 메모리에 계속 유지된다. 따라서 프로그램이 실행되는 동안 기억영역이 소멸되지 않기 때문에 프로그램의 다른 부분에서도 정적 변수를 사용한 함수나 블록을 다시 호출하는 경우에도 이전에 저장된 값을 그대로 사용할 수 있다. 정적변수도 변수가 선언된 위치에 따라 지역변수와 전역변수로 사용될 수 있다. 정적변수를 함수 내에서 정의할 경우 정의된 함수 내부에서만 효력이 있는 정적 지역변수가 되며, 함수 외부에서 정의할 경우에는 그 파일에서만 효력이 있는 정적 전역변수가 된다.

자동변수를 선언할 때 초기치를 부여하지 않으면 쓰레기값을 갖게 되나 정적변수는 변수를 선언할 때 초기치를 부여하지 않으면 초기값은 0으로 할당된다.

[형식] static 데이터형 변수1, 변수2, …;

[예] static int a, b;

■ static

- 정적변수로 선언할 때 변수의 데이터형 앞에 static을 적는다.
- static int num, sum;

**[예제 11-3] 함수 내부에서 선언된 자동변수와 정적변수를 사용한 프로그램의 예이다. 자동변수와 정적변수의 값을 비교하여 차이점을 알아보자.**

프로그램

```
#include <stdio.h>
void print_var()
 {
    auto int auto_var = 1;
    static int static_var = 1;
    printf(" auto_var = %3d \t static_var = %3d \n",    auto_var, static_var);
    auto_var++, static_var++;
    }
void main()
    {
    int i;
    printf(" 자동변수의 값 정적변수의 값");
    for (i = 1; i <= 5; i++)
            print_var();
}
```

결 과

```
자동변수의 값   정적변수의 값
 auto_var = 1  static_var = 1
 auto_var = 1  static_var = 2
 auto_var = 1  static_var = 3
 auto_var = 1  static_var = 4
 auto_var = 1  static_var = 5
```

설 명

자동 변수는 함수가 호출되면 메모리에 기억장소를 할당 받고 함수의 실행이 끝나면 기억장소를 반납한다. 정적변수는 함수의 실행이 끝나도 기억장소를 반납하지 않고 가지고 있다. 그러므로 다시 함수를 호출하면 자동변수는 기억장소를 다시 할당받는다. 프로그램의 결과처럼 자동변수와는 달리 정적 변수는 값이 누적됨을 알 수 있다.

**[예제 11-4] 정적변수를 이용하여 구구단을 출력하는 프로그램이다.**

프로그램

```
#include <stdio.h>
gugu()
{
   static int i=2;
   int j;
   for (j = 1; j <= 9; j++) {
       printf("%d * %d = %2d\n", i, j, i*j);
    }
    i++;
}
void main()
{
   int i;
   for (i = 2; i <= 9; i++) {
       gugu();
       printf("\n");
   }
}
```

결 과

```
2 * 1 = 2
2 * 2 = 4
......
......
9 * 8 = 72
9 * 9 = 81
```

**[예제 11-5] 함수 외부에서 선언된 외부 정적변수를 사용한 프로그램의 예이다. 외부 정적변수는 프로그램의 모든 함수에서 사용 가능하다. 출력 결과를 조사하여 외부 정적변수의 사용 범위를 확인해 보자.**

프로그램

```
#include <stdio.h>
static int a = 200;
```

```
static int b = 100;
static int sol;

void plus()
{
   sol = a + b;
}
void minus()
{
   sol = a - b;
}

void main()
{
   plus();
   printf("%d + %d = %d \n", a, b, sol);
   minus();
   printf("%d - %d = %d \n", a, b, sol);
}
```

결 과

```
200 + 100 = 300
200 - 100 = 100
```

설 명 함수 외부에 선언된 정적변수를 외부 정적변수라 하며, 프로그램 내에서 전역변수의 개념을 갖는다. 즉 변수 a, b, sol은 모든 함수에서 사용 가능하다.

## 11.4 외부변수

외부변수는 전역변수로서 함수의 외부에서 정의되며, 변수가 선언된 파일 외의 다른 파일에서도 외부변수를 사용할 수 있다. 이 경우에는 반드시 외부변수를 사용할 부분에서 extern을 명시해야 한다. extern 지정자를 사용하면 해당 파일 외의 다른 파일에서 정의한 외부 변수를 참조하게 되는 것이다.

이와 같이 외부변수는 외부 정적변수에 비해 통용범위가 다른 파일에까지 넓어진다. 외부변수의 초기화는 정적변수와 마찬가지로 1회에 한해서 초기화되고, 초기화하지 않으면 0이 저장된다.

**[예제 11-6] 외부 변수의 사용**

프로그램

```
#include <stdio.h>
int a = 200;
static int b = 100;
void main()
{
    extern a, b;
    printf("a = %d, b = %d \n", a, b);
}
```

결 과

```
a = 200, b = 100
```

설 명

a와 b는 외부 변수로 전역변수의 개념을 갖는다. 특히 static으로 선언된 변수 b는 정적 외부변수라 부르며, 변수 a와는 달리 한 파일 내에서만 전역으로 사용되며 다른 파일에서는 사용할 수 없다. 변수 a는 다른 파일에서도 사용가능하다. 위의 프로그램에서 extern a, b의 a와 b는 외부 변수이며 그 변수를 지금부터 사용하겠다는 뜻을 가진 지정 선언문이라 할 수 있으며, 한 파일 내에서는 생략 가능하다.

**[예제 11-7] 함수 외부에서 선언된 외부변수를 사용한 프로그램의 예이다.**

프로그램

```
#include <stdio.h>
extern int x = 1000;
void proc1()
{
```

```
    int y = x; /* x를 사용 */
    printf("y = %d\n", y);
}

int i = 2000;
char c = 'z';
void main()
{
    int j = i; /* i를 사용 */
    char d = 'f';
    d += c - 'g'; /* c를 사용 */
    proc1();
    printf("j = %d, d = %c\n", j, d);
}
```

결 과

```
y = 1000
j = 2000, d = y
```

설 명

프로그램에서 extern int x = 1000;는 다른 파일에 있는 변수 x를 사용하겠다는 의미이다.

## 11.5 레지스터 변수

일반적으로 컴퓨터의 CPU 내에는 연산처리 속도를 높이기 위한 레지스터가 장착되어 있다. 레지스터 변수란 연산처리를 보다 빨리 하기 위하여 레지스터를 변수 영역으로 사용하는 변수를 말한다. 레지스터 변수는 함수 내에서 정의되며, 그 함수가 소멸되면 기억장소도 같이 소멸된다.

CPU의 종류에 따라 레지스터의 수가 서로 다르므로 사용할 수 있는 레지스터 변수의 수는 컴퓨터 기종에 따라 다르다. 따라서, 하나의 함수 내에서 CPU 내의 레지스터의 수보다 많은 레지스터 변수를 선언한 경우에는 레지스터 개수만큼 레지스터 변수로 사용되나 그 나머지의 레지스터 변수들은 자동변수로 처리된다.

레지스터 변수는 모든 유형의 변수에 사용할 수 있는 것이 아니라 int형과 char형의 변수만 사용할 수 있다. 또한, 외부변수와 정적변수는 레지스터 변수의 특성상 레지스터 변수로 정의할 수 없고, 자동변수나 함수의 매개변수(formal parameter)에 대해서만 선언할 수 있다.

[형식] register 데이터형 변수1, 변수2, …;

■ register

- 레지스터 변수로 선언할 때 변수의 데이터형 앞에 register를 적는다.
- 레지스터 변수는 자동변수와 결과는 동일하며 실행 속도만 빠르다.
- 레지스터 변수는 메모리에 위치하지 않기 때문에 주소를 구할 수 없다. 즉, 레지스터 변수에 주소연산자(&)를 사용할 수 없다.

  [예] – register int i, sum;

**[예제 11-8] 레지스터 변수를 사용한 프로그램을 실행하시오.**

프로그램

```
#include <stdio.h>
void main()
{
    register int i, sum=0;
    for (i=1 ; i < = 100; i++)
        sum += i;
    printf("합 = %d \n", sum);
}
```

결 과

```
합 = 5050
```

## 11.6 전처리기

### 1. 전 처리의 필요성

전처리기(preprocessor)란 프로그램이 컴파일되기 전에 프로그램에 대해 미리 일련의 작업을 행하는 것으로, 원하는 명령에 따라서 프로그램 상에 있는 프로그래머가 정의한 부분을 대체시키는 역할을 수행한다. 다시 말하면, 선행 처리는 파일을 포함시키는 기능(#include)과 매크로 기능(#define)을 수행한다. 다음 단계처럼 전처리기는 원시프로그램을 컴파일하기 전에 수행하는 단계임을 알 수 있다.

C 원시프로그램
→ 전처리기
→ 선행 처리 후의 원시프로그램
→ 컴파일러 (compiler)
→ 목적 프로그램

**[예제 11-9] 프로그램을 비교 분석하시오.**

아래의 [프로그램 1]과 [프로그램 2]는 월급을 계산하는 프로그램으로 기본급이 30만원이며 기본급에 근무 수당(RATE) 1,000원씩 추가하여 월 근무 시간 200시간(LOW)부터 250시간(UP)까지 해당하는 월급을 계산하며, 돈의 기본 단위는 1,000원이다.

**프로그램 1** 전처리기를 사용하지 않고 상수로 처리

```
#include <stdio.h>
void main(void)
{
    unsigned int income, hours;
    for(hours=200; hours<=250; hours++) {
```

```
            income = hours * 1 + 300;
            printf("Your total hours is %u \n", hours);
            printf("Your total income is %u \n", income);
        }
    }
```

**프로그램 2** 전처리기의 사용

```
#include <stdio.h>
#define RATE 1
#define BASE 300
#define LOW 200
#define UP 250
#define PR(X) printf("Your total X is %u \n", X)
void main(void)
{
    unsigned int income, hours;
    for(hours=LOW; hours<=UP; hours++) {
        income = hours * RATE + BASE;
        PR(hours);
        PR(income);
    }
}
```

**설 명** 프로그램 2는 전처리기를 사용하여 상수 값이 변경될 때 전처리 부분만 변경하면 되지만 프로그램 1은 모든 코드를 찾아서 변경하여야한다. 따라서 #define을 이용하여 기본급의 변화를 명시하여 주는 것이 가장 안전한 방법이라 할 수 있다. 결론적으로 대형 프로그램에서 선행 처리자를 사용함으로써 프로그램의 간결성과 수정의 용이성을 향상시킬 수 있다.

전처리기의 정의는 '#'으로 시작하며, 반드시 라인의 첫 번째 문자나 공백 문자 다음에 와야 한다. C 언어 문장과는 달리 한 행에 한 개의 명령어만 사용한다. 명령의 끝에 ';'을 붙이지 않는다. 하나의 명령이 길어 두 줄 이상을 사용해야 할 경우 행의 끝에 '\'을 사용하여 다음 행으로 연속 시킨다.

## 2. #include 문

#include 문은 지정된 파일을 실행 파일에 첨부하여 마치 실행 파일 상에 게재한 것과 같은 기능을 하도록 하는 문장으로 파일을 프로그램에 포함시키라는 의미이다. 사용 형식은 다음과 같다.

[형식] #include 〈파일명〉

[예] #include <stdio.h>

#include "파일명"

[예] #include "plus.h"

#include "사용자경로.파일명"

[예] #include "c:\user\plus.h"

#include 〈파일명〉으로 지정한 경우는 컴파일러의 표준 디렉토리에서 해당 파일을 검사하여 원래의 프로그램에 삽입한다. #include "파일명"으로 지정한 경우 현재 디렉토리에서 파일을 먼저 찾고, 파일이 없는 경우에 컴파일러에서 지정한 표준 디렉토리에서 찾는다. stdio.h나 stdlib.h와 같은 헤더 파일은 컴파일러의 표준 디렉토리에 저장되어 있으며, 이는 시스템마다 다르다. 예를 들어 UNIX 시스템에서는 /usr/include에 저장되어 있다. 따라서 컴파일러가 제공하는 헤더 파일을 포함시킬 때는 〈파일명〉을, 일반 파일을 포함시킬 때는 "파일명"을 사용한다.

#include <stdio.h> : 표준 헤더 파일 지정

#include "plus.h" : 작업 중인 디렉토리에 있는 사용자 헤더 파일 지정

#include "a:plus.h" : 디스크 드라이브 a에 있는 헤더 파일 지정

#include "/usr/biff/p.h" : /usr/biff에 있는 사용자 헤더 파일 지정

## 3. #define 문

매크로란 긴 문장이나 여러 줄의 문장을 짧은 약자로 대신하는 명령어로 매크로 이름은 대문자를 사용한다. 즉 프로그램을 작성할 때 #define로 정의한 매크로명을 사용하여 작성한다. 형식은 다음과 같다.

```
[형식] #define 문자열1 문자열2
       #define macro(인자) 인자를 포함한 문자열

  [예] #define PI 3.14
       #define MSG "I am a \
       boy."

       #define PR(x,y) printf("%d %d \n", x, y)
```

문자열이 한 줄을 넘을 경우 그 줄의 끝에 '\'를 사용하여 다음 줄까지 매크로 정의를 사용할 수 있다. 대부분의 시스템에서는 문자열뿐만 아니라, 함수 정의 매크로에도 '\'를 사용하여 한 행 이상을 정의할 수 있다. PI는 상수를 정의한 매크로이며, PR(x,y)는 인자를 가지는 매크로에 대한 예제이다.

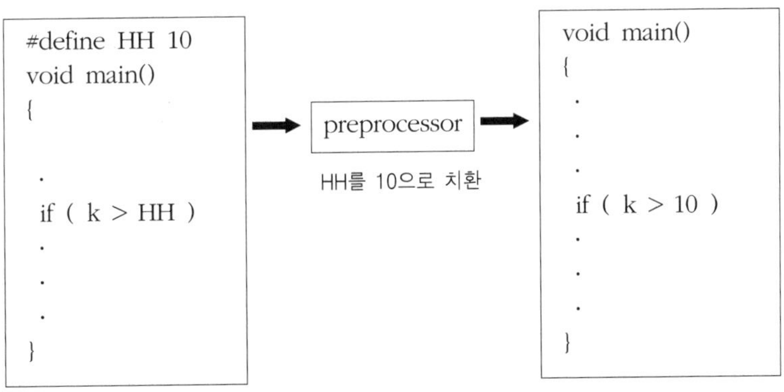


[그림 11-1] 전처리의 결과

■ 문자열 치환 매크로

```
#define 문자열1 문자열2
```

위의 #define 형식을 문자열 치환 매크로라 한다. 위 형식에서 문자열 1은 기호 상수를 사용하며, 일반 변수와의 구분을 위해 대문자를 쓰는 것이 관례이다. 문자열 2는 정의된 명칭이나 상수, 식의 사용이 가능하다.

```
[예] #define TRUE 1
     #define FALSE 0
     #define PI 3.14159
     #define STR "C Language"
     #define SIZE (BASE +'0')
     #define EQ ==
     #define BEGIN {
```

위의 예 #define SIZE (BASE +'0')에서 괄호를 사용하지 않으면, 원하지 않은 결과를 초래할 수 있다. 즉 X=SIZE*2;는 X=BASE+'0'*2로 치환되어 '0'*2가 먼저 수행된다. 따라서 #define 문에서 수식을 정의할 때는 정확한 괄호의 사용을 항상 주의하여야 한다.

■ 인자를 포함하는 매크로

```
#define macro(인자) 인자를 포함한 문자열
[예] #define PR(x,y) printf("%d %d \n", x, y)
```

**[예제 11-10] 1에서 5까지 정수를 출력하는 프로그램을 매크로를 사용하여 작성하시오.**

프로그램

```
#define END 5
#define PR printf("%3d", k)
#include <stdio.h>
void main()
{
   int k, sum =0;
   for(k=1; k<=END ; k++)
       PR;
}
```

결 과

```
1 2 3 4 5
```

**[예제 11-11] 인자가 있는 매크로를 사용한 프로그램을 분석하시오.**

프로그램

```
#define SQ1(x) ((x)*(x))
#define SQ2(x,y) ((x)*(y))
#define PR(x) printf("x=%d \n", x)

#include <stdio.h>
void main()
{
   int a, b;
   a = SQ1(2);
   b = SQ2(2,4);
   PR(a);
   PR(b);
}
```

결 과

```
a = 4
b = 8
```

설 명 a = SQ1(2);는 a = (x)*(x) = (2)*(2) =4로 되고, b = SQ2(2);는 b = (x)*(y) = (2)*(4) =8로 된다.

- 일반 C 언어 프로그램 문장과는 달리 식별자와 왼쪽 괄호 사이에는 공백이 없어야 한다.

  [예] #define MAX(x,y) ((x) + (y))

- 인자를 포함한 문자열에서의 괄호의 사용이 정확해야 한다.

  [예] #define SQ(x) ((x)*(x))

  만약 위의 예에서 괄호를 사용하지 않고 #define SQ(x) x*x로 정의하면 SQ(a+b)는 a+b*a+b가 되어 원하는 값 (a+b)*(a+b)와는 다른 결과를 초래한다. #define SQ(x) (x)*(x)와 같이 정의하면 4/SQ(2) 또한 4/(2)*(2)가 되어 원하는 값 4/(2*2)

와는 다른 결과를 초래한다.

- #define문 사용시 가장 흔히 나타나는 에러로 문장의 끝에 ';'을 사용하지 말아야 한다.

[예] #define SQ(x) ((x)*(x));

x=SQ(y); 는 x=((y)*(y));;로 확장되어 구문 에러를 유발한다.

1 기억 클래스에 대해 설명하시오.

2 전역변수와 지역변수의 개념을 프로그램으로 보이시오.

3 static 변수를 사용하여 1에서 100까지 3의 배수의 합을 구하는 프로그램을 작성하시오.

4 다음 프로그램의 실행결과를 적으시오.

```
#include <stdio.h>
#define TWO 2
#define FOUR TWO*TWO
#define SQ(x) x*x
#define PR(str,x) printf("%s is %d \n", str,x)
void main()
{
  int x, z;
  PR("FOUR", FOUR);
  z = SQ(FOUR);
  PR("z", z);
  z = SQ(TWO);
  PR("z", z);
  PR("SQ(FOUR)", SQ(FOUR));
  PR("SQ(FOUR+TWO)", SQ(FOUR+TWO));
 }
```

5 프로그램에서 a,b,c가 float 형의 변수라고 가정하고, 각각 5.5, 10.5, 15.5의 값을 가지고 있다면, PRN(a, b, c)는 아래와 같이 출력되도록 PRN()에 대한 매크로 정의를 작성하시오.

a has value 5.5 and b has value 10.5 and c has value 10.5

# 연습문제

6 x와 y를 인자로 가지는 매크로 SUM을 정의하고, SUM을 사용하여 아래의 실행 결과를 출력하는 프로그램을 작성하시오.

두 정수의 합 = 13

7 다음 프로그램의 실행 결과를 적으시오.

```
#include <stdio.h>
#define PRINT1(a,b) printf("%d %d \n", a, b)
#define PRINT2(a,b,c) printf("%d %d %d \n", a, b, c)
void main()
{
    int x, y, z;
    x = y = 0;
    while (y < 2) {
        ++y;
        x += y;
    }
    PRINT1(x, y);
    x = y = 0;
    while (y < 2) {
        x += y;
        y++;
    }

}
```

Chapter 12

# 구조체와 공용체

프로그램이 실행되는 동안 데이터를 저장하기 위하여 변수를 선언하여 사용하였다. 각 변수는 하나의 변수에 하나의 데이터를 대응시켜 저장할 수 있다. 데이터형이 같은 여러개의 데이터를 저장하여 처리할 경우에는 각 데이터마다 각기 다른 변수를 선언하여 데이터를 저장하는 대신에 데이터의 유형이 동일한 여러개의 데이터를 저장할 수 있는 배열을 선언하여 사용할 수 있다.

이 장에서는 데이터의 형이 서로 다른 여러개의 데이터를 모아서 하나의 대표적인 이름을 가지는 새로운 데이터형인 구조체와 하나의 기억장소를 여러개의 구성변수가 함께 사용하는 공용체에 대하여 설명한다. C 언어에서의 구조체는 복잡한 데이터를 표현할 수 있는 매우 막강한 수단을 제공한다. 즉, 다양한 형태의 자료를 간단한 형식으로 표현할 수 있는 융통성을 제공할 뿐만 아니라, 사용자가 새로운 형식을 직접 만들어 사용할 수 있게 한다. C 언어의 구조체는 Pascal의 레코드와 유사하다. 예를 들어, 학생 기록부에는 학번, 이름, 주소, 생년월일, 전화번호, 성별 등의 항목이 있고, 각 항목은 서로 다른 데이터 형을 갖고 있다. 따라서 이들 항목들을 각각의 변수나 배열로 선언하지 않고 하나의 구조체로 선언함으로써 분리된 객체 대신에 연관된 변수들을 하나의 단일체로 취급하여, 큰 프로그램에서 복잡한 자료들을 조직적으로 구성하여 효율적으로 처리하는 데 도움을 준다.

## 12.1 구조체의 정의와 선언

구조체란 데이터형이 서로 다른 여러개의 관련 데이터를 모아서 하나의 새로운 자료형으로 만든 데이터형을 의미한다.

예를 들어 어떤 학교 학생들의 성적을 계산하는 프로그램을 작성할 경우, 한 학생의 성적 계산에 필요한 번호, 국어점수, 영어점수, 수학점수, 총점, 평균점수 등의 자료가 있을 경우 이들 각 자료를 저장하기 위해서는 6개의 변수가 필요하며, 학교 전체 학생들의 자료를 저장하기 위해서는 수많은 변수(전체 학생수 x 1인당 필요한 변수의 개수)가 필요하다. 학생수가 많은 경우 필요한 변수의 개수가 너무 많아 프로그램 작성이 매우 어렵다.

위와 같은 경우 각 데이터마다 각각의 변수를 별도로 선언하여 사용하는 대신에 한 학생에 관련된 데이터를 하나로 모아 새로운 데이터형인 구조체를 정의하고 구조체 변수를 선언하여 사용하면 쉽게 프로그램을 작성할 수 있다.

### 1. 구조체 정의와 구조체 변수 선언

구조체를 사용하기 위해서는 구조체에 어떤 유형의 데이터가 포함되는지 컴파일러에게 알려주는 구조체 정의와 구조체 변수를 선언하여야 한다. 구조체 정의와 구조체 변수 선언의 일반 형식은 다음과 같다.

[형식] 구조체의 정의와 형식

```
struct 구조체 태그 {
구조체 멤버 1의 선언문;
구조체 멤버 2의 선언문;
.........;
구조체 멤버 n의 선언문;
};
```

■ struct

- 구조체임을 의미하는 예약어
- 구조체를 정의할 때 적어야 한다.

■ 구조체 태그

- 여러개의 구조체를 정의할 때 서로 구분하기 위한 것으로 사용자가 구조체 태그의 이름을 지정한다.

■ 구조체 멤버 선언문

- 구조체를 구성하는 각각의 데이터를 구조체 멤버라 하며, 각 구조체 멤버의 데이터형을 선언한다.
- 각 구조체 멤버는 일반 단순 변수 선언과 동일하나 초기값은 줄 수 없다.
- 다른 구조체의 멤버와 이름이 같아도 상관없다.

[형식] 구조체 변수 선언 형식(1)

```
struct 구조체태그 구조체 변수;
```

■ 구조체 변수

- 구조체 정의에서 정의된 구조체 멤버를 가지는 구조체 변수 선언
- 구조체 정의문을 적은 후에 별도로 구조체 변수 선언문을 적는다.

[형식] 구조체 변수 선언 형식(2)

```
struct 구조체 태그 {
구조체 멤버 1의 선언문;
구조체 멤버 2의 선언문;
..........;
구조체 멤버 n의 선언문;
} 구조체 변수;
```

■ 구조체 변수

- 구조체 정의에서 정의된 구조체 멤버를 가지는 구조체 변수 선언
- 구조체 정의와 동시에 구조체 변수 선언을 한다.

학생들의 성적을 계산하는 프로그램 작성 예를 통하여 구조체의 정의와 구조체 변수 선언 방법을 알아보자. 한 학생의 성적 계산에 필요한 번호, 국어점수, 영어점수, 수학점수, 총점, 평균점수 등의 자료가 있을 경우 한 학생의 성적 계산에 필요한 변수는 다음과 같다.

```
int num; /* 번호 */
int kor; /* 국어 점수  */
int eng;  /* 영어 점수  */
int math;  /* 수학 점수  */
int total; /* 총점 */
float ave;   /* 평균 점수 */
```

구조체를 사용하지 않을 경우에는 위와 같이 한 학생에 필요한 변수들을 정의하고, 전체 학생들의 성적을 계산하기 위하여 각 변수들의 배열을 사용하여 프로그램을 작성하였다. 그러나 구조체를 사용할 경우에는 각 학생에게 필요한 변수들을 하나의 구조체로 정의하고, 전체 학생들의 성적 계산은 구조체 변수를 사용하여 프로그램을 작성한다.

한 학생의 성적 계산을 위한 구조체 정의와 구조체 변수 선언은 다음과 같다.

[구조체 정의와 구조체 변수를 동시에 선언]

```
struct student {        ── 구조체 태그 (structure tag)
    int num;        ┐
    int kor;        │
    int eng;        ├─ 구조체 멤버
    int math;       │
    int total;      │
    float ave;      ┘
} person;           ── 구조체 변수 선언
```

구조체를 정의하기 위하여 struct라는 예약어를 사용한다. struct 예약어 뒤에는 일반적으로 구조체 태그를 적는다. 구조체 태그는 구조체 정의에서 구조체 변수를 선언할 경우에는 생략할 수 있으나 지정하는 것이 좋다. 구조체 다음의 중괄호 속에 실제 구조체 멤버들을 일반변수의 선언 방법과 같이 차례대로 정의한다. 마지막으로 중괄호 다음의 변수 person은 student 유형의 구조체 멤버를 가지는 구조체 변수를 선언한 것이다.

[구조체 정의와 구조체 변수를 별도로 선언]

구조체 태그

```
struct student {
      int num;
      int kor;
      int eng;
      int math;
      int total;
      float ave;
      };
struct student
person;
```

구조체 멤버 정의

구조체 변수 선언

구조체 태그

구조체 정의와 구조체 변수 선언의 또 다른 방법으로 구조체 정의와 구조체 변수 선언을 별도로 행할 수 있다. 이 경우에는 구조체 정의시에 구조체 태그를 반드시 적어야 한다. 위는 구조체 정의와 구조체 변수 선언을 별도로 선언한 경우의 예이다.

이 방법은 먼저 구조체를 정의한 후에 실제 메모리에 만들어지는 구조체 변수를 선언하고 있다. 즉, student 구조체 태그에서 정의된 형태의 구조체 멤버를 가지는 구조체변수 person을 선언하였다. 이때 person이라는 구조체 변수는 student 구조체 태그에서 정의된 구조체를 사용하고 있다. 이처럼 구조체 태그는 구조체 변수를 선언하는 방법에 따라 생략할 수도 있고 생략할 수 없을 수도 있다.

구조체를 정의한 후 구조체 변수를 별도로 아래와 같이 정의할 수 있다.

```
struct student z[100], *pz; /* 배열이나 포인터도 정의할 수 있다. */
struct sale sa, sb ;
struct booktype book1, book2;
```

함수나 블록 안에서 구조체를 정의한 경우에는 자신이 정의된 함수나 블록 내에서만 사용할 수 있으며, 함수의 밖에서 구조체를 정의한 경우에는 구조체가 정의된 이후부터 그 파일의 끝까지 사용할 수 있다.

다음 예에서는 구조체 st1, st2, st3이 정의되어 있으며, 각 구조체들은 구조체가 정의된 위치에 따라 그 사용 범위가 다르다.

[예] 구조체의 사용 범위

```
struct st1 {                                         ┐
  int i, j;                                          │
};                                                   │
                                                     │
main() {                                             │
  struct st2 {       ┐                               │
  int k, l;          │                               │
 };                  │ st2를 사용할 수               │ st1을 사용할
 :                   │ 있는 범위                     │ 수 있는 범위
}                    ┘                               │
                                                     │
struct st3 {         ┐                               │
 int m, n;           │                               │
} ;                  │ st3을 사용할 수               │
func1() {            │ 있는 범위                     │
        :            │                               │
}                    ┘                               ┘
```

위의 예에서 st1 구조체는 main()함수 위에 정의되어 있어 파일 전체에서 사용할 수 있으며, st2는 main()함수 내에 정의되어 있기 때문에 main()함수 내에서만 사용 가능하다. st3 구조체는 main()함수 아래에 정의되어 있어 정의된 이후부터 사용 가능하다. 일반적으로 구조체는 프로그램의 모든 함수에서 공통적으로 사용하기 때문에 st1과 같이 파일의 맨 처음에 정의하는 것이 좋다.

**[예제 12-1] 구조체(struct)를 사용한 간단한 프로그램을 실행하고 비교하시오.**

프로그램 1

```
#include <stdio.h>
void main()
{
   struct person {
      char *name;
      int age;
      char *job;
   };
   struct person student;
   student.name = "홍길동";
   student.age = 30;
   student.job = "프로그래머";
   printf(" %s, %d, %s\n", student.name , student.age, student.job);
}
```

프로그램 2

구조체 변수의 사용

```
#include <stdio.h>
void main()
{
   struct person {
      char *name;
      int age;
      char *job;
   } student;
   student.name = "홍길동";
   student.age = 30;
   student.job = "프로그래머";
   printf("%s, %d, %s\n", student.name ,student.age, student.job);
}
```

**프로그램 3** 구조체 변수의 사용

```
#include <stdio.h>
void main()
{
   struct person {
      char *name;
      int age;
      char *job;
   };
   struct person student1, student2, student3;
   student1.name = "홍길동";
   student1.age = 30;
   student1.job = "프로그래머";
   student2.name = "장길동";
   student2.age = 31;
   student2.job = "프로야구";
   student3.name = "송길동";
   student3.age = 32;
   student3.job = "회사";
   printf("%s,%d,%s \n",student1.name ,student1.age, student1.job);
   printf("%s,%d,%s \n",student2.name ,student2.age, student2.job);
   printf("%s,%d,%s \n",student3.name ,student3.age, student3.job);
}
```

**프로그램 4** 구조체 배열을 사용

```
#include <stdio.h>
void main()
{
   struct person {
      char *name;
      int age;
      char *job;
   };
   struct person student[3];
```

```
    student[0].name = “홍길동”;
    student[0].age = 30;
    student[0].job = “프로그래머”;
    student[1].name = “장길동”;
    student[1].age = 31;
    student[1].job = “프로야구”;
    student[2].name = “송길동”;
    student[2].age = 32;
    student[2].job = “회사”;
    printf(“ %s, %d, %s \n”, student[0].name, student[0].age, student[0].job);
    printf(“ %s, %d, %s \n”, student[1].name, student[1].age, student[1].job);
    printf(“ %s, %d, %s \n”, student[2].name, student[2].age, student[2].job);
}
```

**프로그램 5** 구조체 변수의 초기화

```
#include <stdio.h>
void main()
{
    struct person {
        char *name;
        int age;
        char *job;
    };
    struct person student[3]={
        {“aaa”, 20,“ggg”},{“ccc”,30,“ddd”},{“kkk”,40,“fff”}
     };
    int i;
    for(i=0; i<3; i++)
    { printf(“%s,%d,%s \n”,
      student[i].name ,student[i].age,student[i].job);
    }
}
```

## 2. 구조체 변수의 사용

구조체를 정의하고 구조체 변수를 선언한 후 구조체 멤버를 참조하거나 구조체 멤버에 값을 대입할 때는 구조체 변수명과 구조체 멤버명 사이에 구조체 연산자인 '.'(dot)를 사용한다.

[형식] 구조체 멤버 사용 형식

구조체변수명.구조체멤버 = 데이터;

위와 같이 구조체 멤버의 참조는 구조체 연산자인 '.'(dot)를 사용하면 일반 변수처럼 사용할 수 있으며, 구조체 멤버의 데이터형은 구조체 정의에서 정의한 구조체 멤버의 데이터형이 된다.

구조체 변수가 선언되면 구조체 변수의 각 멤버들이 메모리를 차지하게 된다. 즉, 구조체 사용시 구조체 정의 자체로는 메모리가 할당되지 않고, 구조체 변수가 선언될 때 각 구조체 변수마다 필요한 양 만큼의 메모리가 할당된다.

구조체 변수가 차지하는 메모리의 크기는 구조체 변수의 각 멤버가 차지하는 메모리의 크기를 합한 것과 같다.

**[예제 12-2] 구조체 변수와 구조체 멤버들이 메모리에서 차지하는 바이트 수를 출력하는 프로그램이다.**

프로그램

```
#include <stdio.h>
struct stag {
   char c;
   int k;
   float e;
   double m;
} str;

void main(void)
{
```

```
    printf("Sizeof(str) = %d \n", sizeof(str) );
    printf("Sizeof(str.c) = %d \n", sizeof(str.c) );
    printf("Sizeof(str.k) = %d \n", sizeof(str.k) );
    printf("Sizeof(str.e) = %d \n", sizeof(str.e) );
    printf("Sizeof(str.m) = %d \n", sizeof(str.m) );
}
```

결 과

```
Sizeof(str) = 15
Sizeof(str.c) = 1
Sizeof(str.k) = 2
Sizeof(str.e) = 4
Sizeof(str.m) = 8
```

설 명 위 예제의 결과에서 구조체 변수 str이 차지하는 메모리의 전체 크기(bytes)는 각 구조체 멤버들의 메모리 크기(bytes)를 합한 것과 같다는 것을 알 수 있다.

## 3. 구조체 변수의 초기화

구조체 변수도 변수 선언시에 초기화하거나 혹은 함수 안에서 대입문을 사용하여 초기화할 수 있다. 구조체 변수를 선언할 때 초기화하기 위해서는 구조체를 구성하는 각 구조체 멤버의 초기값을 { }를 사용해서 정의하면 된다.

구조체 변수 초기화 형식은 다음과 같다.

- 구조체 변수 초기화 형식(1)

```
struct number {
    int num;
    float fnum;
};
struct number st={121, 234.5};
```

- 구조체 변수 초기화 형식(2)

```
struct number {
    int num;
```

```
    float fnum;
} st={121, 234.5};
```

· 구조체 변수 초기화 형식(3)

```
struct number {
    int num;
    float fnum;
};
struct number st[10]={
    {121, 234.5},
    {122, 234.6},
    {123, 234.7},
};
```

**[예제 12-3] 구조체 변수의 각 멤버에 초기값을 할당하고 구조체 멤버의 값을 출력하는 프로그램이다.**

프로그램

```
#include <stdio.h>
struct info {
    char name[20]; /* 구성 요소 중에 배열이 있는 경우 배열의 */
    int age;       /* 크기는 생략할 수 없다. */
    char addr[40];
    char tel[10];
    };
    struct point {
      int x, y;
} pt = {90, 95};

void main()
{
    struct info data={"Hong G. D.", 23,"Pusan Korea","320-1234" };
    printf(" x : %d y : %d \n", pt.x, pt.y);
    printf("이름 : %s \n", data.name);
    printf("나이 : %d \n", data.age);
```

```
        printf("주소 : %s\n", data.addr);
        printf("전화 : %s\n", data.tel);
    }
```

결 과

```
x : 90 y : 95
이름 : Hong G. D.
나이 : 23
주소 : Pusan Korea
전화 : 320-1234
```

구조체 info와 같이 구조체 정의와 구조체 변수 선언이 별도로 분리되어 있는 경우 구조체 정의 부분에서 초기화할 수 없고, 구조체 변수 선언시에 초기화할 수 있다. 그러나, 구조체 point와 같이 구조체 정의 부분에서 구조체 변수를 선언한 경우에는 구조체 변수 선언 뒤에 초기값을 줄 수 있다.

초기값은 순서대로 구조체 멤버에 대입되기 때문에 초기값의 데이터형은 구조체 멤버의 데이터형과 일치해야 한다. 배열의 경우와 같이 초기값의 개수가 모자랄 수도 있는데, 이 경우 초기값이 없는 구조체 멤버는 0으로 초기화된다.

# 12.2 구조체와 함수

구조체 변수도 함수 호출과 반환시 인수로 사용할 수 있다. 이때 각 구성 요소의 값을 따로 전달할 수도 있지만 구조체 변수 전체를 전달할 수도 있다.

**[예제 12-4] 함수를 호출할 때 인수로 구조체 변수를 사용하여 데이터를 피호출 함수로 전달하는 프로그램이다.**

프로그램

```
#include <stdio.h>
int total(struct subject tot);
```

```
struct subject {
   int kor, eng, math;
};

void main()
{
   struct subject num1 = {80, 90, 70};
   int sum = 0;
   sum = total(num1);
   printf("Sum = %d \n", sum);
}

int total(struct subject tot)
{
   return (tot.kor + tot.eng + tot.math);
}
```

**결과**

```
Sum = 240
```

**설명** 이 예제에서는 구조체 변수인 num1을 인수로 부함수인 total()에 넘겨주고 부함수에서는 같은 형의 구조체 변수인 tot에 저장하여 연산을 행한다.

구조체 변수를 함수의 인수로 사용하는 또 다른 방법은 구조체 변수의 각 구조체 멤버를 부함수로 전달하는 것이다.

**[예제 12-5] 함수를 호출할 때 구조체 변수의 각 구조체 멤버를 인수로 사용하여 데이터를 피호출 함수로 전달하는 프로그램이다.**

**프로그램**

```
#include <stdio.h>
int total(int i, int j, int k);
struct subject {
   int kor, eng, math;
```

```
};

void main(void)
{
    struct subject num1 = {80, 90, 70};
    int sum = 0;
    sum = total(num1.kor, num1.eng, num1.math);
    printf("Sum = %d\n", sum);
}

int total(int i, int j, int k)
{
    struct subject tot;
    tot.kor = i;
    tot.eng = j;
    tot.math = k;
    return (tot.kor + tot.eng + tot.math);
}
```

**결 과** Sum = 240

**설 명** num1.kor, num1.eng, num1.math와 같이 구조체 멤버를 피호출 함수에 전달 한다. 이 예제에서도 앞의 예제 프로그램과 같은 결과를 출력하지만 피호출 함수로 인수를 전달할 때 각 구조체 멤버를 전달하여 비효율적이다.

피호출 함수에서 호출 함수로 결과값을 되돌릴 경우 구조체 변수 형태로 되돌릴 수 있다. 즉, 배열을 사용할 경우 배열 전체를 계산 결과로 호출 함수로 되돌릴 수 없지만, 구조체의 경우에는 구조체 변수를 호출 함수로 되돌릴 수 있어 여러개의 계산 결과를 호출 함수로 되돌리는 것이 가능하다. 구조체 변수를 호출 함수로 되돌릴 경우에는 함수 정의에서 함수의 반환 데이터형을 구조체로 선언해주면 된다.

[예제 12-6] 다음 예제는 부함수에서 계산된 결과를 구조체 형태로 결과값을 되돌리는 프로그램의 예이다.

프로그램

```
#include <stdio.h>
struct result {
  int tot;
  double ave;
};

struct result total(int i, int j, int k)
{
   struct result tmp;
   tmp.tot = i + j + k;
   tmp.ave = tmp.tot /3.0;
   return (tmp);
}

void main(void)
{
    struct result num1;
    num1 = total(80, 90, 70);
    printf("총점 = %d \n", num1.tot);
    printf("평균 = %6.1f \n", num1.ave);
}
```

결 과

```
총점 = 240
평균 = 80.0
```

## 12.3 구조체와 포인터

구조체도 하나의 데이터형이므로 구조체 변수의 주소를 값으로 갖는 구조체 포인터를 정의하여 사용할 수 있다. 구조체 포인터 변수의 선언 형식은 다음과 같다.

[형식]
```
struct student {
    int kor;
    int eng;
};
struct student num1, *pnum1;
```

포인터를 이용한 구조체 멤버 참조는 간접 멤버 참조라고도 하며, 화살표 연산자(right arrow operator) 혹은 구조형 포인터 연산자(structure pointer operator)를 사용하여 구조체 멤버를 사용하는 것으로, 다음의 형식을 사용하여 구조체 변수의 멤버를 지정한다.

[예] 구조체포인터변수 → 멤버명

pnum1 → kor

(*구조체포인터변수).멤버명

(*pnum1) → kor

구조체 포인터 변수도 일반 포인터 변수 선언과 같이 *를 사용하여 선언한다. pnum1은 구조체 포인터 변수로서 student형의 구조체 변수를 가리키는 포인터 변수이다. 구조체 포인터 변수에 값을 대입할 때는 pnum1 = &num1; 과 같이 같은 형의 구조체 변수에 주소연산자(&)를 사용하며, 구조체 포인터 변수의 멤버 참조는 포인터 연산자(->)나 dot 연산자(.)를 사용한다. 구조체 포인터 변수에 값을 대입하고 참조하는 예는 다음과 같다.

[예] struct student {

```
struct student {
    int kor;
    int eng;
};
struct student num1, *pnum1;
pnum1 = &num1;
num1.kor = 80;
(*pnum1).kor = 90;
pnum1->kor = 70;
```

**[예제 12-7] 구조체 포인터 변수의 멤버에 값을 대입하거나 멤버 참조시 구조체 포인터 연산자(->)와 dot 연산자( . )를 사용한 예이다.**

프로그램

```
#include <stdio.h>
struct student {
    int kor;
    int eng;
    int math;
};

void main(void)
{
    struct student num1, *pnum1;
    pnum1 = &num1;

    num1.kor = 87;
    printf("국어 = %d,%d,%d \n",num1.kor,
          (*pnum1).kor,pnum1->kor);

    (*punm1).eng = 90;
    printf("영어 = %d,%d,%d \n",num1.eng,
          (*pnum1).eng,pnum1->eng);
```

```
        pnum1->math = 95;
        printf("수학=%d, %d,%d \n", num1.math,
              (*pnum1).math,pnum1->math);
}
```

결 과

```
국어 = 87, 87, 87
영어 = 90, 90, 90
수학 = 95, 95, 95
```

설 명 (*punm1).eng = 90;과 pnum1->eng는 같은 표현이다.

이 프로그램에서는 student란 이름의 구조를 정의하고, student 형의 구조체 변수 num1, 그리고 student 형의 구조체 포인터 변수 pnum1을 선언하고 있다. pnum1은 초기값으로 num1의 주소를 할당하고 있다.

구조체 포인터 변수인 pnum1을 사용하여 구조체의 각 구성 요소의 값을 출력하고 있는데 *pnum1이 num1이므로 (*pnum1).kor은 num1.kor이 된다. 여기서 *pnum1을 괄호로 묶은 것은 우선순위 때문인데 '.'와 '*'의 경우 '.'가 우선순위가 높기 때문에 *pnum1.kor로 사용하면 *(pnum1.kor)이 되어 버리기 때문이다.

구조체 포인터 변수의 멤버를 참조하는 간단한 방법으로 구조체 포인터 연산자(->)를 사용할 수 있다.

**[예제 12-8] 다음 프로그램을 실행하시오.**

프로그램

```
#include <stdio.h>
void main()
{
      struct sss {
                int a;
                int b;
                int s;
```

```
 };
struct sss  pp,  *p,   *q;
  p = &pp;
  (*p).a =5;
  (*p).b =7;
  (*p).s = (*p).a + (*p).b;
  printf(" (*p).s 결과는 = %d", (*p).s );
  q = &pp;
  q->a =5;
  q->b =7;
  q->s =q->a + q->b;
  printf(" 값 = %d", q->s );
}
```

**결 과**

```
( p).s    결과 = 12
값 = 12
```

**설 명** p가 구조체에 대한 포인터형 변수 일 경우 ( p).a =5; 는 p->a와 같다. 즉 구조체 포인터 p가 가리키는 구조체의 멤버 a를 의미한다.

## 12.4 중첩 구조체

구조체의 멤버로 또 다른 구조체 변수를 사용할 수 있는데, 이와 같이 구조체 안의 구조체 멤버에 다른 구조체 변수가 포함되어 있는 형태를 중첩 구조체라 한다. 중첩 구조체의 선언 예는 다음과 같다.

**[형식]**
```
struct time {
    int year;
    int month;
    int day;
```

```
        int hour;
        int min;
        int sec;
    };

    struct plan {
        struct time start;
        struct time end;
        int cost;
        int number;
    } p;
```

plan 구조체의 정의를 보면 time이란 구조를 값으로 갖는 구조체 변수 2개가 포함되어 있다. 이와 같이 구조체의 멤버로 다른 구조체 변수를 갖고 있는 경우 이를 중첩 구조체(nested structure)라고 한다. 구조체가 중첩된 경우 실제 값을 할당하기 위해서는 다음과 같이 여러 개의 dot 연산자('.')를 사용하게 된다.

```
p.start.year = 1998;
p.end.year = 2000;
```

중첩 구조체의 초기값 지정은 각 구조체 변수마다 하나의 중괄호를 넣어 다음과 같이 지정한다.

```
struct plan p = {
    {1998, 10, 10, 10, 30, 0},
    {1999, 10, 9, 10, 29, 59},
    10000,
    100
};
```

위에서 {1998, 10, 10, 10, 30, 0}은 구조체변수 p의 멤버인 p.start 구조체 변수의 초기값이며, {1999, 10, 9, 10, 29, 59}는 구조체변수 p의 멤버인 p.end 구조체 변수의 초기값이다. 중첩된 구조는 복잡한 자료 구조를 나타낼 때 흔히 사용한다.

## 12.5 공용체의 정의와 선언

공용체는 메모리의 동일한 기억장소를 서로 다른 데이터형의 변수가 공동으로 사용할 수 있도록 해주는 데이터형이다. 공용체의 정의와 공용체 변수의 선언은 구조체의 정의와 구조체 변수의 선언 방법과 동일하나 공용체를 의미하는 union 예약어를 사용한다.

또한 구조체 변수를 선언할 때는 구조체 변수의 각 멤버들이 별도의 기억장소를 할당받지만, 공용체 변수를 선언할 경우에는 공용체 변수의 구성 멤버 중에서 자료형의 크기가 가장 큰 데이터형의 크기만큼의 메모리만 할당받는다.

공용체의 정의와 공용체 변수 선언 형식은 다음과 같다.

· 공용체 정의 형식

```
union 공용체 태그 {
  공용체 멤버 1의 선언문;
  공용체 멤버 2의 선언문;
  ·········;
  공용체 멤버 n의 선언문;
};
```

```
[형식] 공용체 변수 선언 형식(1)
union 공용체 태그 공용체 변수;
```

```
[형식] 공용체 변수 선언 형식(2)
union 공용체 태그 {
   공용체 멤버 1의 선언문;
   공용체 멤버 2의 선언문;
   ·········;
   공용체 멤버 n의 선언문;
} 공용체 변수;
```

다음은 공용체의 정의와 공용체 변수 선언의 예이다.

```
[예] union pe {
         char name[80];
         char tel[20];
         int age;
     };
     union pe ua, ub;

     union udata {
         int i;
         float f;
         char c;
     } un;
```

공용체의 선언 형태는 구조체와 동일하며, 공용체의 각 구성 요소는 바로 독립적인 변수가 된다.

공용체 변수의 각 멤버를 참조하는 방법도 연산자 '.' 또는 '->'를 사용하는데 통상의 공용체 변수일 경우에 '.'를 사용하고, 공용체 포인터 변수일 경우에는 '->'를 사용한다.

구조체와 공용체의 다른 점은 각 구성 요소들이 기억장소를 차지하는 방법에 차이가 있다. 즉, 구조체의 경우에는 구조체의 각 멤버들이 따로따로 메모리를 차지하고 있으며, 구조체 변수의 크기는 이들 구조체 멤버들의 크기를 모두 합한 것이 된다. 그렇지만 공용체에서는 각 공용체 멤버들이 동일 메모리를 모두 공유하게 된다. 즉 같은 메모리를 사용하기 때문에 공용체의 크기는 각 구성 요소 중 가장 크기가 큰 구성 요소의 크기가 된다. 다음은 구조체 변수와 공용체 변수의 메모리 할당의 차이를 나타낸 프로그램이다.

[예제 12-9] 다음 예제는 구조체 변수와 공용체 변수를 선언하고 각 변수와 구성 멤버들의 메모리 할당을 비교하기 위한 프로그램의 이다.

프로그램

```
#include <stdio.h>
void main()
 {
    struct sdata {
    char c;
    int i;
    float f;
    } str;
      union udata {
      char c;
      int i;
      float f;
    } uni;

    printf("size of str = %d \n", sizeof(str));
    printf("size of str.c = %u \n", sizeof(str.c));
    printf("size of str.i = %u \n", sizeof(str.i));
    printf("size of str.f = %u \n", sizeof(str.f));
    printf("size of uni = %d \n", sizeof(uni));
    printf("size of uni.c = %u \n", sizeof(uni.c));
    printf("size of uni.i = %u \n", sizeof(uni.i));
    printf("size of uni.f = %u \n", sizeof(uni.f));
}
```

결 과

```
size of str = 7
size of str.c = 1
size of str.i = 2
size of str.f = 4
size of uni = 4
size of uni.c = 1
size of uni.i = 2
size of uni.f = 4
```

공용체 변수의 각 멤버들은 동일한 메모리 영역을 사용하기 때문에 공용체는 각각 멤버들 중 어느 하나만 사용하거나 이들이 서로 배타적으로 사용될 때에만 사용해야 한다. 예를 들어 프로그램의 어느 한 부분에서는 정수 유형의 변수 i만 사용하고, 다른 한 부분에서는 실수 유형의 변수 f만 사용한다고 할 때 이 둘을 공용체로 묶어 사용하면 전체적으로 메모리는 실수 유형의 변수 f만 사용할 때와 같으면서 2개의 변수를 사용할 수 있으므로 메모리를 절약할 수 있다. 또한 공용체 변수는 각 구성 멤버가 같은 장소를 서로 같이 사용하기 때문에 공용체의 한 구성 요소의 값을 변경하게 되면 당연히 다른 구성 요소의 값도 바뀌게 된다.

**[예제 12-10] 공용체 변수를 선언하고 공용체 변수의 각 멤버에 값을 대입하여 출력하는 프로그램의 예이다.**

프로그램

```
#include <stdio.h>
union NUM {
      int x;
      char y;
} un;

void main()
{
      un.x = 100;
      printf(" un.x = %d, un.y = %d \n", un.x, un.y );
      un.y = 127;
      printf(" un.x = %d, un.y = %d \n", un.x, un.y );
      un.y = ' A' ;
      printf(" un.x = %d, un.y = %c \n", un.x, un.y );
}
```

결 과

```
un.x = 100, un.y = 100
un.x = 127, un.y = 127
un.x = 65, un.y = A
```

## 연 습 문 제

1 다음과 같은 구조체를 이용하여 출발시각과 도착시각을 입력받은 후 출발에서 도착까지 걸린 시간을 초로 계산하여 출력하는 프로그램을 작성하시오.

```
struct time {
    int hour;
    int min;
    int sec;
} start, arrive;
```

2 다음 프로그램의 실행 결과를 적으시오.

```
#include <stdio.h>
struct total {
    char name[10];
    int   num1;
    float num2;
    int   tot;
    float ave;
} ;

void main() {
    struct total x, y={"하나", 10, 10.5, 20, 20.5}, z;
    z = x = y;
    z.tot = x.num1 + (int) x.num2;
    z.ave = (float)x.tot/3;
    printf("이름: %s \n", z.name);
    printf("num1: %d, num2: %f \n", z.num1, z.num2);
    printf("tot : %d \n ave : %f \n", z.tot, z.ave);
}
```

3 사각형의 왼쪽 위 점의 좌표와 오른쪽 아래 점의 좌표를 입력받아 사각형의 면적을 계산하는 프로그램을 작성하시오. 사각형의 좌표와 면적을 표시하기 위하여 다음과 같이 정의한 구조체를 사용한다.

```
struct point {
    int x, y;
};

struct plane {
    struct point p1;
    struct point p2;
    int area;
} ar;
```

4 구조체를 이용하여 아래와 같은 학생의 번호와 이름, 그리고 각 과목의 성적을 키보드를 통하여 입력받고, 각 학생의 총점과 평균점수를 구하여 출력하는 프로그램을 작성하시오.

| 번 호 | 이 름 | 국 어 | 영 어 | 수 학 |
|---|---|---|---|---|
| 1 | 이한수 | 98 | 100 | 81 |
| 2 | 강다음 | 96 | 95 | 74 |
| 3 | 박영욱 | 94 | 80 | 97 |
| 4 | 김재인 | 87 | 69 | 88 |
| 5 | 최신호 | 88 | 85 | 93 |

5 구조체 변수를 함수의 인수로 사용하는 부함수를 이용하여 보기와 같이 사칙연산을 수행하는 프로그램을 작성하시오. 함수의 인수로 사용하는 구조체는 아래와 같이 정의하고, 사칙연산을 위한 수식은 키보드로부터 입력받는다.

```
struct cal {
    double a;
    char op;
    double b;
} equ;
```

〈보기〉

```
수식입력: 8.0 + 5.0 [Enter↵]
연산결과: 8.0 + 5.0 = 13.0
```

Chapter 13

# 파일 입출력

## 13.1 콘솔 입출력 함수

콘솔(console)이란 표준 입출력 장치를 뜻하며, 일반적으로 표준 입력 장치는 키보드를, 표준 출력 장치는 화면을 말한다. 따라서 콘솔 입출력 함수들은 키보드를 통하여 정보를 읽어들이고 화면을 통하여 정보를 출력시킨다. 다음은 C 언어에서 사용하는 콘솔 입출력 함수의 분류이다.

| 함수 원형 | 의미 | 정의 파일 |
|---|---|---|
| int getchar(void) | 문자 단위 입력 함수 | stdio.h |
| int putchar(int ch) | 문자 단위 출력 함수 | |
| int getche(void) | 비 표준 콘솔 입출력 함수 | conio.h |
| int getch(void) | | |
| int kbbit(void) | | |
| int putch(int ch) | | |
| char *gets(char *str) | 문자열 입력 함수 | stdio.h |
| int puts(char*str) | 문자열 출력 함수 | |
| int printf(char *control-string, ....) | 양식지정 입력 함수 | stdio.h |
| int scanf(char *control-string, ....) | 양식지정 출력 함수 | |

위의 입출력 함수 중 gets()와 puts()은 printf()와 scanf()함수는 3장에서 설명하였으므로 이장에서는 이들 함수에 대한 설명은 생략한다.

### 1. 버퍼형 문자 입출력 함수 : getchar(), putchar()

문자 단위 입출력 함수는 문자 데이터를 문자 단위로 입력하거나 출력하는 함수이다. C 언어에서 문자로 이루어진 각 파일은 행의 끝을 나타내는 기호와 파일의 끝을 나타내는 기호 등을 가지고 있는데, 단일 문자 입출력 함수는 이러한 기호를 이용할 수 있으므로 문자 파일의 처리에 유용하다. getchar() 함수는 표준 입력(standard input) 즉, 키보드(keyboard)로부터 문자 단위로 입력하는 함수이고, putchar() 함수는 표준 출력(standard output)인 모니터(monitor)의 화면에 문자 단위로 출력하는 함수로 두 함수 모두 stdio.h에 정의된 매크로(macro)이다. 메모리에 char형은 1바이트, int형은 2바이트(혹은 4바이트)로 저장된다. 따라서 int형은 char형으로 저장될 수 있는 모든 값과 그 이상을 저장할 수 있다. char형은 작은 정수형으로 생각할 수 있고, 반대로 int형은 큰 문자형으로 볼 수 있다.

getchar() 함수로 입력된 문자는 int 형으로 변환된 unsigned char형으로 읽혀진다. 그러나 getchar() 함수가 int 형을 반환하는 것으로 선언되어 있지만, 많은 프로그램에서는 이 값을 char형 변수에 저장하는데, 이때는 정수의 상위 바이트는 무시된다. getchar() 함수가 정수를 반환하는 이유는 입력을 받을 동안 에러가 발생할 때 그 값이 음의 정수, 일반적으로 -1인 매크로 EOF(stdio.h에 정의)를 반환해야 하기 때문이다. 따라서 getchar() 함수는 EOF 값을 반환하기 위하여 반드시 정수를 반환해야 하지만, 키보드에서 입력받을 때 에러가 발생한다는 것은 거의 모든 경우에 컴퓨터가 작동하지 않을 때이므로 대부분의 프로그래머는 getchar() 함수 사용 시 EOF 검사를 하지 않고 단순히 값을 문자형 변수에 저장한다.

putchar() 함수의 매개 변수 또한 int 형으로 선언되지만, 함수에 의해 unsigned char 형으로 반환되며, 출력시 에러가 발생하면 EOF 값을, 정상적이면 출력될 문자를 반환한다. 출력시의 에러 또한 화면에 출력이 잘못되는 것으로 컴퓨터가 작동하지 않은 경우이다. 따라서 대부분의 프로그래머는 putchar() 함수의 반환 값을 검사하지 않는다.

함수 getchar()와 putchar()는 버퍼(buffer)를 사용한다. 즉 타이핑한 문자들이 버퍼라는 임시 기억장소에 저장되었다가 엔터키가 입력되면 버퍼에 저장된 문자들이 비로소 프로그램에 사용되게 된다. 예를 들어

```
putchar(getchar());
```

위의 문장은 아래와 같이 실행된다.

ABC 엔터 ← 입력

A → 출력

단어 ABC를 입력하였으나, 컴퓨터는 'A'만을 입력으로 받아 'A'만 출력하였다. 즉, 단어 ABC를 버퍼에 저장하였으나, getchar() 함수는 한번만 사용되어 처음 하나의 문자 'A'만 받아들였기 때문이다. 버퍼용 문자 입출력 함수를 사용하는 장점으로 한 문자씩 보내는 것보다 한꺼번에 여러 문자를 보내는 것이 시간이 덜 걸린다. 또 글자를 잘못 쳤을 경우, 키보드의 수정 기능을 이용하여 교정할 수 있으며, Enter 키를 쳤을 때, 그 때까지 입력된 문자들이 전부 전송된다.

**[예제 13-1] getchar()와 putchar() 사용하여 소문자를 대문자로 프로그램**

프로그램

```
#include <stdio.h>
void main()
{
    int c ;
    while ( ( c= getchar()) != EOF )
    {
       if ( c >= 'a' && c <= 'z' )
          putchar( c + 'A' - 'a' );
       else putchar(c);
    }
```

```
    }
```

**결 과**

```
i am a boy.
I AM A BOY. ^C
```

**설 명**

while ( ( c= getchar() ) != EOF )문은 ^C가 입력 즉 파일의 끝을 만나면 프로그램의 실행을 멈춘다.

**[예제 13-2] 입력문장의 문자 개수를 계산하는 예제 프로그램**

**프로그램**

```
#include <stdio.h>
void main()
{
   int ch ;
   int count = 0;
   while ( ( ch= getchar() ) != EOF ) {
            putchar(ch);
            count++ ;
   }
   printf("\n 문자 개수 = %d\n", count);
}
```

**결 과**

```
C language. ^Z
C language.
문자 개수 = 11
```

## 2. 비표준 콘솔 입출력 함수

getchar() 함수는 대화 방식으로 사용할 수 없기 때문에 많은 컴파일러는 대화 방식으로 문자의 입력을 지원하는 입력 함수 getche()와 getch()를 추가로 사용한다. 두 함수 모두 conio.h 헤더 파일을 사용한다. getche() 함수는 키보드에서 다음 문자가 입력될 때까지 기다리며, 그 후 문자를 읽어들이고 그 문자를 화면으로 다시 내보낸다. 문자는 unsigned char로 읽혀지고 int로 확장된다. 그러나 어떤 함수에서는 이 값이 단순히 char 값으로 저장될 수 있다. 즉, getche()함수는 아래와 같이 문자가 입력되는 즉시 echo 출력한다.

HHeellllloo

getch() 함수는 읽어들인 문자를 다시 내보내지 않는다는 것을 제외하고는 getche() 함수와 같다. 즉, 키보드로 문자가 입력되는 즉시 그 문자의 int 값을 되돌리며 화면에 echo 하지 않는다. getch() 함수를 사용하면 사용자가 키를 누를 때마다 화면에 나타나는 것을 프로그래머가 결정할 수 있기 때문에, 프로그래머가 화면을 제어하는데 더 많은 융통성을 발휘할 수 있다.

대부분의 C 컴파일러에서 제공되는 또 다른 유용한 ANSI 비표준 함수로 kbhit() 함수가 있다. kbhit() 함수는 conio.h 헤더 파일을 필요로 하며, 키보드의 키가 눌러졌는지 아닌지를 결정하기 위하여 사용된다. 만약 사용자가 눌렀다면, 이 함수는 참(0이 아닌 수)을 반환하며, 문자를 읽어들이지는 않는다. 이 경우 getche()나 getch() 함수를 사용하여 그 문자를 읽을 수 있다. 만약 사용자가 누른 키가 없다면 거짓(0)을 반환한다.

putch()함수는 putchar()와 같이 단일 문자를 화면에 출력하지만, 화면상에 윈도우의 경계내에서만 출력하는 함수이다.

**[예제 13-3] getch() 함수를 사용한 예제프로그램을 분석하시오.**

프로그램

```
#include <stdio.h>
#include <conio.h>
#include <string.h>
void main()
{
   int choice ;
   do {
```

```
        printf("1:철자검사\n");
        printf("2:철자교정\n");
        printf("3:단어사전검색\n");
        printf("4:종료\n" );
        printf("----------\n");
        printf("번호를 선택하세요.\n");
        choice = getch();
    }while( !strchr("1234",choice));
}
```

Quiz 13-1 kbhit() 함수를 사용한 예제프로그램을 실행하시오.

```
#include <stdio.h>
#include <conio.h>
void main()
{
    double amount;
    amount = 0.20;
    printf("종료하려면 아무키나 누르세요.\n");
    do {
        printf( "세율:%lf, 세금:%lf\n", amount, amount * 0.05);
        if (kbhit()) break;
        amount = amount + 0.20;
    } while ( amount < 100.0) ;
}
```

새로운 파일을 만들고 파일의 내용을 읽고 쓰는 것을 일반적으로 파일 처리라 한다. C 언어에서는 표준 라이브러리 함수들을 통해 이를 수행하도록 하고 있다. 이 라이브러리 함수에는 2가지 종류가 있는데, 그 중 고수준의 파일 처리 함수들을 사용하면 다양한 포맷으로 입출력을 수행할 수 있으나 효율이 떨어지는 단점이 있다. 반면에 저수준의 입출력 함수를 사용하면 포맷을 지정할 수 없는 단점이 있으나 매우 효율적으로 입출력을 수행하게 된다. 따라서 실무 프로그램에서는 오히려 저수준의 파일 입출력 함수들을 선호하는 경우가 많다.

## 13.2 고수준의 파일 입출력 함수

표준 입출력함수를 이용하지 않고 사용자 정의에 의해 파일을 디스크에 입출력하려면, 버퍼링을 통하여 입출력하는데, 이를 버퍼링형 입출력 또는 고수준 파일 입출력이라 한다. 고수준의 파일 입출력에서는 FILE이라는 구조체를 사용하고 있으며, 이 FILE의 구조체를 이용하기 위해서는 반드시 stdio.h 파일을 프로그램 선두에 포함시켜야 한다. FILE의 구조체는 stdio.h에 다음과 같이 정의되어 있다.

```
typedef struct /* Definition of the control structure for streams */
{
    int             level;      /* buffer의 상태(fill/empty)          */
    unsigned        flags;      /* 파일 상태 모드                     */
    char            fd;         /* 파일 식별자                        */
    unsigned char   hold;       /* buffer가 비었을 때 ungetc할 char   */
    int             bsize;      /* buffer 크기                        */
    unsigned char   *buffer;    /* 데이터 전송 buffer                 */
    unsigned char   *curp;      /* 현재의 파일 포인터                 */
    unsigned        istemp;     /* 임시 파일 지시기                   */
    short           token;      /* 유효성 검사를 위해 사용            */
} FILE;                         /* FILE object
```

따라서 특정 파일을 사용하려면 사용전에 반드시 파일을 열기(open) 하며, 파일 실행이 종료하기 전에 열었던 파일을 닫아(close)야 한다. 즉 파일을 사용하기 위해서는 다음의 절차로 수행되어야 한다.

> 파일 입출력의 수행
> fopen() → printf(), 연산 → fclose()
> 파일오픈 파일사용 파일닫기

우선 파일을 open하기 위한 함수에 대해 살펴보자. 파일을 열기 위한 함수로는 fopen함수가 있으며, 그 형식을 다음과 같다.

[형식] FILE *fopen(char *f_name, char *mode);

◦ f_name : 입출력이 이루어질 파일 이름

◦ mode ; 파일 개방 모드로 파일의 처리 목적을 기술

```
FILE *fp;
fp = fopen("filename", "mode");
```

위의 fopen()의 함수는 stdio.h에 정의되어 있으며, FILE의 구조체를 파일 포인터(*fp)로 지정한 후, fopen()함수로 지정한 파일명(filename)의 파일을 찾아 이를 사용할 수 있는 형태로 열고 이 파일에 대한 결과를 파일 포인터로 돌려주게 된다. 위의 형식에 있어 파일명은 프로그램에서 처리하려고 하는 파일명을 의미하며, DOS의 디렉토리명도 기술할 수 있다. 또한 정상적으로 파일을 open할 수 없는 경우 NULL 값을 되돌려 준다. 예를 들어 파일명 기술방법은 다음과 같다.

```
파일명 입력 형식
"test.dat"
"a:\test.dat"
"c:\\turbo\\user\\test.dat"
```

이때 유의해야 할 것은 디렉토리를 지정할 때 백슬래쉬는 반드시 이중으로 기술해야 한다. 그리고 형식에 있어 모드(mode)는 열려고 하는 파일을 어떤 형태로 사용할 것인가를 나타내는 것으로 표 13-1와 같은 의미를 지니고 있다.

예를 들어 test.dat란 파일의 내용을 읽기 위해서는 파일 fopen()함수를 아래와 같이 사용해야 한다.

```
fp=fopen("test.dat", "rb");
```

열기 형식에는 일반적으로 텍스트 파일("t")이나 이진 파일("b")이 들어가야 하는데 생략을 하게 되면 텍스트 파일 형식이 된다. 또한 test.dat란 파일을 지우고 새로 작성하고 싶을 때에는 다음과 같이 하면 된다.

```
fp=fopen("test.dat", "w");
```

[표 13-1] fopen()함수에서 모드의 의미

| 모드 | 의 미 |
|---|---|
| "r" | 파일을 읽기 전용으로 연다. 해당 파일이 이미 존재해 있어야 한다. |
| "w" | 파일을 쓰기 전용으로 연다. 이미 존재하면 그 파일의 내용은 제거되며, 없으면 새로운 파일이 자동으로 만들어진다 |
| "a" | 파일을 쓰기 전용으로 연다. 파일의 내용이 있는 경우 그 내용은 지워지지 않으며, 파일의 맨 끝으로 자동으로 이동하여 맨 끝에 덧붙여 쓸 수 있도록 한다. 만약 해당 파일이 없으면 새로운 파일이 자동으로 생성된다. |
| "r+" | 파일을 읽기와 쓰기의 2가지 목적으로 연다. 해당 파일이 없으면 에러가 발생한다. |
| "w+" | 파일을 읽기와 쓰기 2가지 목적으로 연다. 해당 파일이 있으면 그 내용은 지워지며, 없으면 새로운 파일이 만들어진다. |
| "a+" | 파일을 읽기와 쓰기 2가지 목적으로 연다. 해당 파일이 있으면 그 파일 맨 끝으로 이동하여 그 위치부터 읽기와 쓰기가 이루어지게 되며, 파일이 없으면 새로운 파일이 생성된다. |
| "a+t" | 파일을 읽기/쓰기/추가를 위해서 연다. |
| "rb" | BINARY 파일을 읽기 전용으로 연다. |
| "wb" | BINARY 파일을 쓰기 전용으로 연다. 만약 같은 이름이 존재하면 모두 삭제하여 open하고, 파일이 없으면 새로 만들면서 연다. |

반면에 test.dat란 파일을 지우지 않고 파일의 끝에 덧붙이고 싶을 때에는 다음과 같이 한다.

```
fp=fopen("test.dat", "a");
```

프로그램에서 다른 파일을 open할 때 fopen()함수의 실행결과가 NULL인지를 검토하는 부분이 필요하다. 이는 파일을 열 때 실행결과의 값이 NULL이라는 의미는 정상적으로 파일을 open하지 않음을 의미하므로, open되지 않은 파일에 데이터를 출력할 수 없기 때문이다. 이때 open할 수 없는 경우는 파일이 디스크상에 없거나, 열려고 하는 파일이 드라이브에 디스크가 들어 있지 않은 경우이다. 따라서 fopen() 함수를 사용할 때는 다음과 같이 파일 포인터의 값을 조사하는 부분이 반드시 필요하다.

```
FILE *fp;
if ((fp = fopen("test.dat", "r+t")) == NULL) {
```

```
        printf("File open error.\n");
        exit(-1); /* exit 함수를 만나서 프로그램을 종료한다. */
    }
```

다음으로 파일 포인터를 사용하지 않고 스트림을 이용하여 입출력을 할 수 있는데, C 언어의 stdio.h 헤더에 정의되어 있는 함수는 아래와 같다.

```
스트림 형식
/* Standard I/O predefined streams */
extern FILE _Cdecl _streams[];
#define stdin (&_streams[0]) /* 표준 입력장치로 보통 키보드를 말한다. */
#define stdout (&_streams[1]) /* 표준 출력장치로 보통 화면을 말한다. */
#define stderr (&_streams[2]) /* 표준 오류장치로 오류가 화면에 나타난다.*/
#define stdaux (&_streams[3]) /* 보조 입출력 장치로 COM1에 연결 */
#define stdprn (&_streams[4]) /* 표준 프린터 장치로 LPT1에 연결  */
```

stdio.h는 컴퓨터의 키보드 등과 같은 표준 입력장치로 입력을 받아들이는 것으로 scanf나 getchar 등을 사용하여 입력을 받아들이는 곳을 의미한다. 또한 stdout는 컴퓨터의 화면과 같이 표준 출력장치로 printf나 putchar를 사용하여 출력할 때 나가는 곳을 의미한다. stderr은 표준 에러 출력장치를 말하며, 에러 메시지가 나가는 곳으로 표준 출력과 같이 컴퓨터의 화면이 된다.

다음은 기억장치로부터 파일을 open하여 그 파일의 데이터를 조작하기(읽거나 쓰기) 위해 fscanf() 함수의 사용법을 알아보자.

```
fscanf()의 형식
fscanf(fp,"포맷",변수 리스트);
```

이 fscanf() 함수는 scanf()함수와 유사하나 표준입력장치로부터 입력을 하지 않고, 파일포인터가 지정한 파일로부터 데이터를 입력한다. 여기서 "포멧"은 데이터의 형식을 의미하며, "변수리스트"는 읽어들인 데이터를 저장하는 변수를 의미하고, "포멧"과 "변수리스트"는 일 대 일 대응한다. 예를 들어 "test.dat" 파일 내에 정수형 데이터 2개가 열로 존재하면, 이를 읽어 들이는 방법은 아래와 같다.

```
FILE *fp;
int i, j;
if ((fp = fopen("test.dat", "r")) == NULL) {
   printf("Error: Cannot open test.dat\n");
   return (1);
}
fscanf(fp,"%d%d",&i,&j);
/* scanf 함수와 마찬가지로 fscanf 함수의 입력 데이터들간의 구분은 공백문자(' ', \t,
\n 등)로 이루어진다. */
```

다음은 파일을 open하여 파일의 내용을 처리한 후 프로그램을 종료하기 위해서는 파일을 닫아야 한다. 이때 사용하는 함수가 fclose()이다.

```
[형식] int *fclose(FILE *fp);
       fp : 패쇄할 파일의 파일 포인터
       fclose(fp);
```

위의 fclose()함수의 형식에서 "fp"는 파일을 열 때 사용한 파일 포인터이다. fclose()함수는 지정된 스트림과 이에 관련된 모든 버퍼 등을 클리어시키고 할당되었던 버퍼 등은 해제하는 역할을 한다.

**[예제 13-4] "test1.txt" 파일을 open하여 그 내용을 출력하는 프로그램**

프로그램

```
#include <stdio.h>
void main()
{
   FILE *fp;
   char a;
   int i;
```

```
    if ((fp = fopen("test1.txt", "r")) == NULL) {
        printf("Error: Cannot open test.txt\n");
    }
      for(i=0;i<=4;i++)
    {
      a=fgetc(fp);
      putchar(a);
    }
    fclose(fp);
}
```

결 과 LOVE

Quiz 13-2 "name.txt"라는 파일을 생성한 후, 이 파일에 키보드로부터 자기의 이름을 입력받아 써넣는 프로그램을 작성하여라.

Quiz 13-3 "hakjem.txt" 라는 파일을 생성한 후, 이 파일에 키보드로부터 자기의 성적을 입력받아 평균을 구하는 프로그램을 작성하여라.

파일을 새로 만들고 이 만들어진 파일에 데이터를 저장하기 위해서는 fprintf()함수를 이용한다. 이 fprintf()함수는 printf()함수의 사용과 유사하며, 차이점은 파일 포인터로 지정된 곳에 데이터를 출력시킨다. fprintf()함수의 형식은 다음과 같다.

```
fprintf()의 형식
fprintf(fp,"포맷",변수 리스트);
```

다음의 예제는 키보드로부터 입력받은 문장들에 대해 줄번호를 붙여서 test.txt 파일로 저장한 것이다.

### [예제 13-5] 문자열을 입력하여 출력하는 프로그램을 작성하시오.

프로그램

```
#include <stdio.h>
#include <stdlib.h>
void main()
{
   FILE *fp;
   char str[80+1];
   int line, no;
   printf( "입력할 문자열의 개수는 ? " );
   scanf( "%d", &no );
   getchar();
   if ((fp = fopen("test.txt", "w")) == NULL) {
       printf("파일 쓰기 실패\n");
       exit(-1);
   }
   for ( line = 0; line < no; line++ ) {
         gets(str);
         fprintf(fp,"%3d번째 줄 -> %s\n",line+1,str);
   }
   fclose(fp);
}
```

결 과

```
입력할 문자열의 개수는 ? 5
  홍길동
  이순신
  설악산
  백두산
  낙동강

C:\TC>type test.txt
 1번째 줄 -> 홍길동
 2번째 줄 -> 이순신
```

```
3번째 줄 -> 설악산
4번째 줄 -> 백두산
5번째 줄 -> 낙동강
```

또한 파일에서 한 개의 글자를 입출력하는 함수로 fgetc와 fputc가 있으며, 그에 대한 형식은 다음과 같다.

| | |
|---|---|
| int fgetc(FILE *fp) | fp가 지정하는 위치의 1문자를 읽어 넣고, 파일 포인터 fp의 값을 1개 증가시킨다. |
| int fputc(int c, FILE *fp) | c변수에 있는 값을 파일 포인터 fp가 가리키는 위치에 쓰고 fp값을 1개 증가시킨다. |

즉 fgetc() 함수는 지정한 파일에서 읽어들인 문자를 되돌리고 파일 포인터를 1개 증가시키며, 파일 포인터가 파일의 끝에 도달했을 경우에는 EOF를 되돌려 준다. 이때 EOF값과 0xff값을 구분하기 위해서 읽어들인 문자는 int형으로 변환되어 반환된다.

fputc() 함수는 스트림(stream)으로 지정한 파일에 c의 내용을 출력한다. 디스크가 꽉 찼을 경우나 출력시 에러가 발생하면 EOF값을 되돌린다. 이 함수에 대한 사용예는 다음과 같다.

[예]

```
/* 입력문 */
int r;
FILE *fp;
r = fgetc(fp) /* fp에서 읽어온 값이 r에 대입된다. */

/* 출력문 */
char c;
FILE *fp;
fputc(c,fp); /* fp가 가리키는 파일에 c가 출력되게 된다. */
```

다음은 fgetc를 사용하여 DOS의 type과 같은 일을 하는 프로그램의 한 예이다.

**[예제 13-6] 컴퓨터내의 config.sys파일을 open 하여 그 내용을 출력하여 결과를 확인 하시오.**

프로그램

```
#include <stdio.h>
#include <stdlib.h>
void main(int argc, char *argv[])
{
      FILE *fp;
      char c;
      if (argc == 1) { /* 인자가 없으면 */
         printf("사용방법: %s 대상 파일\n",*argv);
         exit( 0 );
      }
      if ((fp = fopen( argv[1], "r")) == NULL) {
         printf("오류: %s를 열 수 없습니다.\n",*argv);
         exit(-1);
      }
      while ((c=fgetc(fp)) != EOF) /* 파일을 1byte 단위로 읽어들임 */
                        putchar(c); /* 화면에 출력 */
      fclose(fp);
}
```

Quiz 13-4 getc함수와 putc함수를 사용하여 두 파일을 병합하는 프로그램을 작성하시오.

## 13.3 랜덤 액세스 파일

파일을 open하여 데이터를 읽거나 쓰기 위해서 지금까지는 처음부터 순차적으로 데이터를 읽어 들여 처리하고, 파일의 끝을 알리는 EOF가 나오면 작업을 종료하는 형태로 프로그램을 작성하였다. 따라서 파일의 어떤 특정부분을 찾아내어 그곳의 내용에 대한 것만을 처리하게 된다면 프로그램의 수행속도가 향상될 수 있다. 이러한 목적으로 사용되는 함수들을 랜덤 화일이라 한다. 이 랜덤 파일 기능을 위해 제공되는 함수들은 다음과 같다.

### 1. fseek() 함수

이 함수는 fp로 지시하는 파일 포인터를 mode에서 offset 바이트만큼 이동시키는 기능을 가지고 있는 함수로 그 형식은 다음과 같다.

```
[형식] #include <stdio.h>
       int fseek(FILE *fp, long offset, int mode)
```

■ FILE *fp
- 파일의 스트림

■ long offset
- 파일에서 바이트 오프셋

■ long mode
- 파일에서 오프셋의 위치
- SEEK_SET(0) : 파일의 시작부분에서부터 상대위치를 계산
- SEEK_CUR(1) : 파일의 현재 읽고/쓰는 부분에서부터 상대위치를 계산
- SEEK_END(2) : 파일의 끝 부분에서부터 상대위치를 계산

## 2. ftell() 함수

이 함수는 fp로 지시하는 파일 포인터의 현재 위치를 검사하는 기능을 가지고 있는 함수로 그 형식은 다음과 같으며, 이 함수가 실행에 실패하면 -1L을 리턴한다.

```
[형식] #include <stdio.h>
       long ftell(FILE *fp)
```

■ FILE *fp

- 오픈된 파일의 스트림

## 3. rewind() 함수

이 함수는 fp로 지시하는 파일 포인터를 파일 선두 위치로 이동하고, error, EOF 플래그를 clear시키는 기능을 가지고 있는 함수로 그 형식은 다음과 같다.

```
[형식] #include <stdio.h>
       int rewind(FILE *fp)
```

■ FILE *fp

- 리셋트할 파일 포인터

## 4. feof() 함수

이 함수는 fp로 지시하는 파일 포인터에서 EOF를 검출하는 기능을 가지고 있는 함수로 그 형식은 다음과 같다.

```
[형식] #include <stdio.h>
       int feof(FILE *fp)
```

■ FILE *fp

- 파일의 끝을 조사할 파일 포인터

## 5. ferror() 함수

이 함수는 입출력시스템에서 에러를 검출하는 기능을 가지고 있는 함수로 그 형식은 다음과 같다.

[형식] #include <stdio.h>

```
int ferror(FILE *fp)
```

■ FILE *fp

- 에러를 검사할 파일 포인터

## 6. perror() 함수

이 함수는 시스템 에러를 검출하는 기능을 가지고 있는 함수로 그 형식은 다음과 같다.

[형식] #include <stdio.h>

```
void perror(const char *string)
```

■ const char *string

- 시스템 에러를 출력할 메시지 문자열

## 7. unlink() 함수

이 함수는 파일을 삭제하는 기능을 가지고 있는 함수로 그 형식은 다음과 같다.

[형식] #include <stdio.h>

```
int unlink(const char *filename)
```

■ const char *filename

- 삭제하려고 하는 파일명

위와 같이 랜덤 화일을 이용하여 프로그램에서 사용하는 예는 다음과 같다.

```
[형식] FILE *f;
       long address;
       f = fopen( "sample.dat", "r" );
       fseek( f, 0, SEEK_END ); /* 파일의 제일 끝 위치로 이동 */
       address = ftell( f ); /* 파일의 현재 위치를 address 변수에 저장 */
       rewind( f ); /* 파일의 위치를 제일 처음으로 되돌림 */
```

**[예제 13-10] 다음은 파일을 추가(append) 모드를 사용하지 않고 랜덤 액세스 함수를 이용하여 추가 모드처럼 파일에 문자열을 추가하는 예제이다. 분석하시오.**

프로그램

```
#include <stdio.h>
#include <stdlib.h>
void Append( FILE *fp, char *s );
void main( void )
{
   FILE *f;
   char str[ 80 + 1 ];
   f = fopen( "test.dat", "r+" );
   if( f == NULL ){ printf( "에러: 파일을 열 수가 없습니다.\n" );}
   printf("추가할 문자열을 입력하시오 ? ");
   gets( str );
   Append( f, str );
   fclose( f );
}
void Append( FILE *fp, char *s )
{
   fseek( fp, 0, SEEK_END );
   fprintf(fp, "%s", s );
}
```

```
/* test.dat 파일 내용 C 프로그래밍은 어렵습니다. */

추가할 문자열을 입력하시오 ? "그러나 알고 보면 쉽습니다." [Enter↵]

C:\TC>type test.dat [Enter↵]
C 프로그래밍은 어렵습니다. "그러나 알고 보면 쉽습니다."
```

## 13.4 저수준의 파일 입출력 함수

저수준의 파일 입출력이란 고수준 파일 입출력과는 달리 프로그래머가 직접 입출력 버퍼, 카운터 및 포인터 등을 지정하여 운영체제에 가까운 수준으로 다룰 수 있도록 하는 것을 말한다. 따라서 FILE이란 구조 대신 간단하게 각 파일마다 파일 식별자 (file descriptor) 또는 핸들(handle)을 이용하여 파일을 처리한다. 이와 같이 저수준 파일 입출력은 초보자에게는 사용하기가 어렵지만 융통성이 많으며 처리속도가 빠르므로 숙련된 프로그래머는 저수준 파일 입출력 함수를 많이 이용하고 있다.

### 1. open() 함수

저수준의 파일 입출력에서도 파일을 사용하기 위해서는 파일을 먼저 열어야 하며, 이때 open 함수를 사용한다. 이 함수에 대한 형식은 다음과 같다.

```
[형식] #include <io.h>
       #include <fcntl.h>
       #include <sys/stat.h>
       int open( const char *path, int mode[, unsigned assess]);
```

■ const char *path

- open하려고 하는 파일명과 path 명

- mode
  - open하는 파일의 개방모드
- access
  - open하는 파일의 접근모드

이 open함수에 있어 mode의 기능은 다음과 같다.

[표 13-2] 파일 모드의 기능

| 상 수 | 값 | 기 능 |
|---|---|---|
| O_RDONLY | 0x0001 | 읽기 전용으로 파일을 연다. |
| O_WRONLY | 0x0002 | 쓰기 전용으로 파일을 연다. |
| O_RDWR | 0x0004 | 읽고 쓰기 위해 파일을 연다. |
| O_CREAT | 0x0100 | 파일이 없을 경우 새로운 파일을 만든다. |
| O_TRUNC | 0x0200 | 현재 있는 파일의 내용을 0으로(제거) 한다. |
| O_EXCL | 0x0400 | O_CREAT와 함께 사용하며, 파일이 없을 경우에만 연다. |
| O_APPEND | 0x0800 | 파일을 쓰기용으로 열고 파일 포인터를 파일의 끝에 위치시킨다. |
| O_TEXT | 0x4000 | 파일을 텍스트 형식으로 연다. |
| O_BINARY | 0x8000 | 파일을 이진 형식으로 연다. |

위의 파일 모드 기능에 있어 여러 개의 조건들을 동시에 같이 사용할 수 있으며, 이 때에는 각 조건들을 '¦'(비트 연산자 OR)를 이용하면 가능하다. 예를 들어 data.dat란 파일을 읽기 전용으로 열고자 할 때에는 다음과 같이 하면 된다.

```
fd = open("data.dat", O_RDONLY);
```

그리고 기존의 파일이 있어 이를 지우고 쓰기 전용으로 열 때에는 다음과 같이 하면 된다.

fd = open("data.dat", O_WRONLY ¦ O_TRUNC); O_TRUNC가 추가되었는데, 만약 이를 써주지 않으면 쓰기 전용이라도 파일의 내용은 없어지지 않는다. 반면에 파일의 끝에 추가하고자 할 때에는 다음과 같이 O_APPEND를 써주면 된다.

```
[예] fd = open("data.dat", O_WRONLY    O_APPEND);
```

위의 open함수에서 fopen문과 차이가 있는 것은 해당 파일이 없는 경우 파일이 만들어지지 않는다는 것이다. 이때 파일이 없을 때 파일을 만들고 싶다면 다음과 같이 O_CREAT를 지정해야 하며, 이때에는 세 번째 인자인 access 모드가 요구된다. 이 access의 모드에 대한 기능은 다음과 같다.

[표 13-3] 파일 access의 기능종류

| 상 수 | 기 능 |
|---|---|
| S_IWRITE | 써 넣기 가능 |
| S_IREAD | 읽어 내기 가능 |
| S_IREAD ¦ S_IWRITE | 읽기 / 쓰기 가능 |

또한 open함수로 파일을 열게 되면 음이 아닌 정수값을 반환하는데, 그 파일의 핸들을 계산 값으로 산출하게 되며, 에러 발생의 경우 −1을 계산 결과로 산출하게 된다. 따라서 다음과 같이 파일 핸들러를 항상 조사하는 것이 필요하다.

**[형식]**
```
if ((fd = open("data.dat", O_RDONLY)) == -1)
{
fprintf(stderr,"Error: Cannot open data.dat\n");
}
```

파일을 열었으면 이 파일에 읽고 써야 하는데, 읽을 때에는 다음과 같이 read란 함수를 사용한다.

## 2. read() 함수

```
#include <io.h>
int read(int handle, char *buf, int size);
```

■ int handle

  - 파일 핸들러의 번호

■ char *buf

  - open한 파일에서 읽어들인 데이터를 저장하는 버퍼의 주소

■ int size

  - open한 파일에서 읽어들인 데이터를 저장하는 버퍼의 길이

이 함수는 파일 내에 size만큼의 데이터가 있지 않을 수도 있는데, 이를 조사하기 위해 read는 자신이 실제로 읽어들인 바이트의 수를 계산 결과로 산출하여 되돌려 준다. 이때 되돌려 준 값을 n이라 가정하자. 따라서 read를 사용할 때에는 항상 위의 n값을 잘 조사해야 하며, 이것이 실제 읽어들인 데이터의 수이기 때문에 buf가 가리키는 공간에는 바로 n바이트가 존재하게 된다.

이 n이 0이라는 것은 읽어들인 데이터가 없어 이는 EOF라는 의미이며, 이 값이 −1이면 이는 읽을 때 에러가 발생한 것을 의미한다.

예를 들어 data.dat란 파일로부터 60 byte의 데이터를 읽어들이고자 할 때에는 다음과 같은 형식으로 사용한다.

[예]
```
int fd;
char buf[60]; int n;
fd = open("data.dat", O_RDONLY);
n = read(fd, buf, 60);
```

이때 n이 60이면 잘 읽은 것이고, 다른 값이면 데이터가 부족하거나 무엇인가 잘못된 것이다. 일반적으로 읽을 데이터의 크기는 다르지만, 버퍼의 크기는 보통 고정적으로 사용하는데 stdio.h에 정의되어 있는 BUFSIZE를 사용하는 것이 관례로 되어 있다.

이 크기는 한 파일로부터 가져올 수 있는 데이터의 최적치이기 때문에 많은 양의 데이터를 읽거나 쓸 때에는 이것을 사용하는 것이 성능을 최대한 높일 수 있다.

저수준의 파일 입출력에서 파일로부터 읽어들이는 것은 이 read밖에 없다. 즉 문자 하나씩밖에 읽어들이지 않기 때문에 만약 정수값을 읽어들이고자 할 때에는 읽어들인 것을 정수로 변환해야 한다. 따라서 복잡한 포맷으로 된 데이터를 읽어들일 때에는 고수준의 파일 입출력을 사용하는 것이 좋다.

### 3. write() 함수

이 함수는 파일에 데이터를 쓰고자 할 때 사용하는 함수로 그의 형식은 다음과 같다.

[형식]
```
#include <io.h>
int write(int handle, char *buf, int size);
```

- int handle
  - 파일 핸들러의 번호
- char *buf
  - 출력할 데이터를 기억하고 있는 버퍼의 주소
- int size
  - 버퍼의 길이

### 4. close() 함수

이 함수는 open된 파일을 닫고자 할 때 사용하는 함수로 그의 형식은 다음과 같다.

[형식]
```
#include <io.h>
int close(int handle);
```

- int handle
  - 닫을 파일의 핸들러 번호

이때 정상적으로 수행되었으면 0을 리턴하고, 실패하면 -1을 리턴한다.

## 5. creat() 함수

이 함수는 새로운 파일을 생성하여 파일을 open하고자 할 때 사용하는 함수로 그의 형식은 다음과 같다.

[형식]
```
#include <io.h>
int creat(const char *filename, int access);
```

- const char *filename
  - 새로 만들 파일명
- int access
  - 파일의 접근 허용 모드

이 함수는 파일을 새로 생성하는데 사용되는 함수로 만약 쓰기 속성을 갖는 파일이 기존에 존재한다면 이 파일의 내용을 모두 지워버리고 새로 생성하고, 읽기 속성을 갖는 파일의 존재한다면 에러를 발생하여 -1을 리턴 한다. 또한 정상적으로 수행되었으면 0보다 큰 양의 정수 핸들러를 리턴한다.

```
handle = creat("test.dat", S_IREAD    S_WRITE);
```

**[예제 13-11] 다음은 read와 write 함수를 사용하여 한 파일을 똑같이 복사하는 프로그램이다.**

프로그램
```
#include <stdio.h>
#include <stdlib.h>
#include <io.h>
#include <fcntl.h>
#define MAX_BUF 1024
```

```
void main(int argc, char *argv[]) {
     int fd1, fd2;
     char buf[MAX_BUF];
     int n;
     if(argc != 3) {
     printf( "USAGE: MyCopy 소스 파일 대상 파일\n" );
   exit(-1);
   }
        if((fd1 = open( *(argv+1), O_RDONLY | O_BINARY ))== -1){
        printf( "파일 열기 실패\n" );
        exit(-1);
   }
   if((fd2=open(*(argv+2),O_WRONLY | O_TRUNC | O_CREAT | O_BINARY))==
   -1 ){
    printf("파일 쓰기 실패\n");
}
   while ((n = read(fd1, buf, MAX_BUF)) > 0) /* 읽어들인 크기만큼 복사한다. */
   write(fd2, buf, n);
   close(fd1);
   close(fd2);
   printf(" 파일이 성공적으로 복사되었습니다.\n");
}
```

결과

```
MyCopy tc.exe ec.exe [Enter↵]
파일이 성공적으로 복사되었습니다.
```

## 연습문제

1 자기의 이름과 주소 학번을 새로운 파일에 저장하는 프로그램을 작성하시오.

2 고수준 입출력 함수를 이용하여 1번에서 작성한 파일을 다른 파일로 복사하는 프로그램을 작성하시오.

3 DOS의 type와 같은 동작을 하는 프로그램을 작성하시오.

4 키보드에서 문자열과 정수를 읽어 이것을 임의의 파일에 저장하고, 이 저장된 파일의 내용을 출력하는 프로그램을 작성하시오.

5 command상에서 파일명을 입력받아 입력받은 파일을 삭제하는 프로그램을 작성하시오.

6 어떤 ASCII화일을 읽고 그 내용을 화면에 출력하는 프로그램을 작성하시오.

# 부 록

1. ASCII 코드표

2. 컴파일러 오류 및 경고 메세지

3. 라이브러리 함수 종류

# 1. ASCII 코드표

## 1) ASCII 표준문자표

| ASCII | 10진 | 16진 | ASCII | 10진 | 16진 | ASCII | 10진 | 16진 | ASCII | 10진 | 16진 |
|---|---|---|---|---|---|---|---|---|---|---|---|
| | 0 | 00 | 〈space〉 | 32 | 20 | @ | 64 | 40 | | 96 | 60 |
| | 1 | 01 | ! | 33 | 21 | A | 65 | 41 | a | 97 | 61 |
| ● | 2 | 02 | " | 34 | 22 | B | 66 | 42 | b | 98 | 62 |
| ♥ | 3 | 03 | # | 35 | 23 | C | 67 | 43 | c | 99 | 63 |
| ◆ | 4 | 04 | S | 36 | 24 | D | 68 | 44 | d | 100 | 64 |
| ♣ | 5 | 05 | % | 37 | 25 | E | 69 | 45 | e | 101 | 65 |
| ♠ | 6 | 06 | & | 38 | 26 | F | 70 | 46 | f | 102 | 66 |
| • | 7 | 07 | ' | 39 | 27 | G | 71 | 47 | g | 103 | 67 |
| | 8 | 08 | ( | 40 | 28 | H | 72 | 48 | h | 104 | 68 |
| ○ | 9 | 09 | ) | 41 | 29 | I | 73 | 49 | i | 105 | 69 |
| | 10 | 0A | · | 42 | 2A | J | 74 | 4A | j | 106 | 6A |
| | 11 | 0B | + | 43 | 2B | K | 75 | 4B | k | 107 | 6B |
| | 12 | 0C | , | 44 | 2C | L | 76 | 4C | l | 108 | 6C |
| ♪ | 13 | 0D | − | 45 | 2D | M | 77 | 4D | m | 109 | 6D |
| ♬ | 14 | 0E | . | 46 | 2E | N | 78 | 4E | n | 110 | 6E |
| | 15 | 0F | / | 47 | 2F | O | 79 | 4F | o | 111 | 6F |
| ▶ | 16 | 10 | 0 | 48 | 30 | P | 80 | 50 | p | 112 | 70 |
| ◀ | 17 | 11 | 1 | 49 | 31 | Q | 81 | 51 | q | 113 | 71 |
| ↕ | 18 | 12 | 2 | 50 | 32 | R | 82 | 52 | r | 114 | 72 |
| !! | 19 | 13 | 3 | 51 | 33 | S | 83 | 53 | s | 115 | 73 |
| | 20 | 14 | 4 | 52 | 34 | T | 84 | 54 | t | 116 | 74 |
| | 21 | 15 | 5 | 53 | 35 | U | 85 | 55 | u | 117 | 75 |
| | 22 | 16 | 6 | 54 | 36 | V | 86 | 56 | v | 118 | 76 |
| | 23 | 17 | 7 | 55 | 37 | W | 87 | 57 | w | 119 | 77 |
| ↑ | 24 | 18 | 8 | 56 | 38 | X | 88 | 58 | x | 120 | 78 |
| ↓ | 25 | 19 | 9 | 57 | 39 | Y | 89 | 59 | y | 121 | 79 |
| → | 26 | 1A | : | 58 | 3A | Z | 90 | 5A | z | 122 | 7A |
| ← | 27 | 1B | ; | 59 | 3B | [ | 91 | 5B | { | 123 | 7B |
| | 28 | 1C | < | 60 | 3C | \ | 92 | 5C | \| | 124 | 7C |
| ↔ | 29 | 1D | = | 61 | 3D | ] | 93 | 5D | } | 125 | 7D |
| ▲ | 30 | 1E | > | 62 | 3E | | "94 | 5E | ~ | 126 | 7E |
| ▼ | 31 | 1F | ? | 63 | 3F | | −95 | 5F | △ | 127 | 7F |

## 2) ASCII 제어 코드

| 명령 | 의 미 | 코드 | | 함께 사용 | | 화 면 표 시 |
|---|---|---|---|---|---|---|
| | | 10진수 | 16진수 | Alt-키 | Ctrl-키 | |
| NULL | Null | 0 | 0 | none | none | nothing |
| SOH | Start of heading | 1 | 1 | Alt-1 | Ctrl-A | ^A |
| STX | Start of text | 2 | 2 | Alt-2 | Ctrl-B | ^B |
| ETX | End of text | 3 | 3 | Alt-3 | Ctrl-C | ^C |
| EOT | End of transmission | 4 | 4 | Alt-4 | Ctrl-D | ^D |
| ENQ | Enquire | 5 | 5 | Alt-5 | Ctrl-E | ^E |
| ACK | Acknowledge | 6 | 6 | Alt-6 | Ctrl-F | ^F |
| BEL | Bell | 7 | 7 | Alt-7 | Ctrl-G | ^G |
| BS | Backspace | 8 | 8 | Alt-8 | Ctrl-H | ^H |
| HT | Horizontal tab | 9 | 9 | Alt-9 | Ctrl-I | ^I |
| LF | Line feed | 10 | A | Alt-10 | Ctrl-J | ^J |
| VT | Vertical tab | 11 | B | Alt-11 | Ctrl-K | ^K |
| FF | Form feed | 12 | C | Alt-12 | Ctrl-L | ^L |
| CR | Carriage return | 13 | D | Alt-13 | Ctrl-M | ^M |
| SO | Shift out | 14 | E | Alt-14 | Ctrl-N | ^N |
| SI | Shift in | 15 | F | Alt-15 | Ctrl-O | ^O |
| DLE | Data link escape | 16 | 10 | Alt-16 | Ctrl-P | ^P |
| DC 1 | DEVICE CONTROL 1 | 17 | 11 | Alt-17 | Ctrl-Q | ^Q |
| DC 2 | DEVICE CONTROL 2 | 18 | 12 | Alt-18 | Ctrl-R | ^R |
| DC 3 | DEVICE CONTROL 3 | 19 | 13 | Alt-19 | Ctrl-S | ^S |
| DC 4 | DEVICE CONTROL 4 | 20 | 14 | Alt-20 | Ctrl-T | ^T |
| NAK | Negative acknowledge | 21 | 15 | Alt-21 | Ctrl-U | ^U |
| SYN | Synchronous idle | 22 | 16 | Alt-22 | Ctrl-V | ^V |
| ETB | End transmission block | 23 | 17 | Alt-23 | Ctrl-W | ^W |
| CAN | Cancel | 24 | 18 | Alt-24 | Ctrl-X | ^X |
| EM | End of medium | 25 | 19 | Alt-25 | Ctrl-Y | ^Y |
| SUB | Substitute | 26 | 1A | Alt-26 | Ctrl-Z | ^Z |
| ESC | Escape | 27 | 1B | Alt-27 | Ctrl-[ | ^[ |
| FS | File separator | 28 | 1C | Alt-28 | Ctrl-\ | ^\ |
| GS | Group separator | 29 | 1D | Alt-29 | Ctrl-] | ^] |
| RS | Record separator | 30 | 1E | Alt-30 | Ctrl-^ | ^ |
| US | Unit separator | 31 | 1F | Alt-31 | Ctrl-_ | ^_ |

# 2. 컴파일러 오류 및 경고 메세지

## 1) 컴파일러 오류 메시지

◈ '****' not an argument

형식 매개 변수가 함수의 매개변수 리스트에 명시되지 않은 경우에 발생

◈ Argument # missing name

함수의 원형에서 #번 매개 변수명이 빠짐. 즉, 함수 선언의 잘못된 경우이다.

◈ Argument list syntax error

함수 매개변수 리스트가 문법적으로 틀린 경우이다.

◈ Array bounds missing ]

배열의 정의나 선언할 때에 닫고 ']'의 빠진 경우에 발생한다.

◈ Array size too long

배열의 크기가 한계인 64K byte를 넘은 경우이다.

◈ Assembler statement too long

인라인 어셈블리 코드를 삽입하기 위한 asm문이 480자 이상인 경우이다.

◈ Bad file name format in include directive

#include에서 파일명의 앞뒤에 " " 또는 < >이 빠진 경우이다.

◈ Bad if def directive syntax

#ifdef 뒤에는 매크로 이름이 와야 하는데, . 수치나 상수 등이 온 경우에 발생한다.

◈ Call of non－function

정의되어 있지 않은 함수를 사용한 경우에 발생한다.

◈ Cannot modify a const object

const로 선언된 값을 조작하려한 경우에 발생한다.

◈ Case outside of switch

{ }의 묶는 것의 잘못으로 switch문 밖에서 case가 있게 된 경우이다.

◈ Case statement missing

case문에서 문장의 끝을 의미하는 ';'이 빠진 경우에 발생한다.

◈ Case syntax error

case형 변환 문법에 어긋난 경우이다.

◈ Character constant too long

문자 상수의 범위를 벗어난 경우로, 문자상수는 1바이트나 2바이트 크기의 데이터만을 가질 수 있다.

◈ Compound statement missing

열고 닫는 괄호의 개수는 꼭 일치하여야 한다. '{'에 대응하는 '}'의 쌍을 조사하여 일치되도록 한다.

◈ Could not find file '**** ***'

해당 파일을 발견하지 못한 경우이다.

◈ Declaration missing.

구조체나 공용체의 선언에서 ';'이 빠진 경우이다

◈ Declaration syntax error.

선언문을 사용할 때 문법 상 틀리는 경우로, 필요 없는 기호가 삽입되었거나, 필요한 기호가 빠진 경우이다.

◈ Default outside of switch

switch문밖에 default가 있는 경우. { }의 묶임을 조사한다.

◈ Division by zero

나눗셈에서 분모를 상수 수식에서 0으로 나눈 경우에 발생된다.

◈ Do statement must have while

do-while의 경우에 while이 빠진 경우이다.

◈ Do-while statement missing (

do-while 문에서 '('가 빠진 경우이다.

◈ Do-while statement missing )

do-while 문에서 ')'가 빠진 경우이다.

◈ Do-while statement missing

do-while 문에서 ';'가 빠진 경우이다.

◈ Duplicate case

switch문 내에 case는 유일해야 하는데 동일한 case가 존재하는 경우이다.

◈ Enum syntax error

enum형 데이터의 선언이 잘못된 경우이다.

◈ Error directive : *** :

컴파일 도중에 #error 컴파일 지시어를 만난 경우이다.

◈ Error writing output file

저장 작업을 위한 디스크에 공간이 없거나 저장 디렉토리가 틀린 경우이다.

◈ Expression syntax error

문법적인 표현이 잘못된 경우로, 연산자를 중복 사용하거나 괄호의 사용이 틀리거나 ;이 빠진 경우 등이다.

◈ Extra parameter in call to ****

함수 호출할 때에  선언된 매개변수보다 많은 인수를 사용한 경우이다.

◈ File name too long

#include에서 지정된 파일명이 너무 긴 경우. 파일명은 79자 이내여야 한다.

◈ For statement missing (

for문에서 '('가 빠진 경우이다.

◈ For statement missing )

for문에서 ')'가 빠진 경우이다.

◈ For statement missing

for문에서 ';'이 빠진 경우이다.

◈ Function call missing )

함수 호출에서 사용한 )의 개수가 잘못된 경우이다.

◈ Function definition out of place

다른 함수의 내부에서 새로운 함수의 정의는 할 수 없다.

◈ Goto statement missing label

goto문의 레이블이 없는 경우이다.

◈ if statement missing (

if문에 '('가 빠진 경우이다.

◈ if statement missing )

if문에 ')'가 빠진 경우이다.

◈ illegal character 'C' (0x***)

컴파일 도중에 입력 파일에서 잘못된 문자를 만난 경우이다.

◈ illegal initialization

변수의 초기화가 잘못된 경우이다.

◈ illegal octal digit

8진법 사용할 때 0, 1, 2, 3, 4, 5, 6, 7 외의 수를 사용한 경우이다.

◈ illegal use of floating point

부동소수점에 사용할 수 없는 연산자인 비트, shift, 조건, 간접지정 연산자 등을 사용한 경우이다.

◈ illegal use of pointer

포인터에 대하여+, -, =, 비교, 간접지정, -> 이외의 사용이 있는 경우이다.

◈ in-line assembly not allowed

소스파일내에 in-line 어셈블리가 있는 경우. tcc.exe를 사용하여 컴파일 하여야 한다.

◈ incompatible storage class

함수선언에 extern 예약어가 사용된 경우이다.

◈ incorrect number format

16진수에서 소수점이 사용된 경우이다.

◈ initializer syntax error

초기화시 문법에 어긋난 연산자를 사용한 경우이다.

◈ invalid macro argument separator

매크로 정의시 매개변수들이 ',' 이외의 것으로 구분된 경우이다.

◈ invalid pointer addition

포인터가 서로 더해질 수 없는데, 두 포인터가 더해진 경우에 발생한다.

◈ invalid use of arrow

→ 연산자가 잘못 사용된 경우이다.

◆ Lvalue required

대입문의 좌측에는 값을 대입할 수 있는 변수 등이 와야 한다. 수식이나 상수식이 온 경우에 발생한다.

◆ Macro argument syntax error

매크로 정의 할 때에 매개변수에 잘못된 문자를 사용할 때 발생한다.

◈ Macro expansion too long

매크로가 너무 긴 경우이다.

◆ Misplaced break

break의 위치가 잘못된 경우로 루프의 바깥에 있는지를 검사해야 한다.

◈ Misplaced continue

continue의 위치가 잘못된 경우로 루프의 바깥에 있는지를 검사해야 한다.

◆ Misplaced decimal point

부동소수점 상수의 지수 부분에 .을 잘못 사용한 경우이다.

◈ Misplaced else

if문이 없는데 else를 사용한 경우이다.

◆ No file name ending

#include에서 "나 >이 빠진 경우이다.

◈ No file name given

컴파일 명령어에 파일명이 지정되지 않은 경우이다.

◆ Non－portable pointer assignment

포인터에 포인터가 아닌 값을 할당하는 경우에 발생한다.

◈ Non－portable pointer comparison

포인터를 포인터가 아닌 것과 비교하려 한 경우이다.

◆ Non－portable return type conversion

return 문에 있는 식이 함수의 형과 다른 경우이다.

◈ Not an allowed type

허용되지 않는 형의 데이터 선언할 때 발생한다.

◈ Out of memory

컴파일에 필요한 메모리가 부족한 경우로, 램 상주 내용을 일부 삭제하거나 소스 프로그램이 매우 큰 경우에는 분할 컴파일 방법을 이용한다.

◈ Pointer required on left side of →

→의 왼쪽에는 구조체나 공용체의 포인터가 와야 한다.

◈ Redeclaration of '****'

이미 선언된 명칭을 또 선언한 경우이다.

◈ Statement missing

문장의 끝에 세미콜론 ;이 빠져있는 경우에 발생한다.

◈ Structure or union syntax error

구조체나 공용체의 선언이 잘못된 경우이다.

◈ Structure size too large

구조체의 크기가 64K byte가 넘는 경우이다.

◈ Subscripting missing ]

배열 첨자에서 ]가 빠진 경우이다.

◈ Switch statement missing (

switch문에서 '('가 빠진 경우이다.

◈ Swtich statement missing )

switch문에서 ')'가 빠진 경우이다.

◈ Too few parameters in call to '****'

함수 호출시 매개변수의 개수가 적은 경우에 발생된다.

◈ Too many cases

switch 문 내에 257개 이상의 case문이 사용된 경우이다.

◈ Too many default cases

switch 문 내에 하나 이상의 default 문이 존재하는 경우이다.

◈ Too many exponents

부동소수점 상수에 하나 이상의 지수가 있는 경우이다.

◆ Too many initializers

초기화의 개수를 초과한 경우에 발생한다.

◈ Too many storage classes in declaration

하나의 선언에 여러 개의 기억부류를 지정한 경우이다.

◆ Too many types in declaration

한 선언에 대하여 데이터형이 하나 이상인 경우이다.

◈ Type mismatch in redcearation of '****'

함수의 원형과 함수의 사용 처에서의 매개변수의 형이 다른 경우이다.

◆ Unable to open include file '**** ****'

컴파일 대상 파일이 없는 경우이다.

◈ Undefined label '****'

goto문에서 지정한 레이블이 없는 경우이다.

◆ Unterminated string

문자열이나 문자상수에서 "나"이 빠진 경우이다.

◈ While statement missing (

while 문에서 '('이 빠진 경우이다.

◆ While statement missing )

while 문에서 ')'이 빠진 경우이다.

## 2) 경고 오류 메시지

◆ '***' declared but never used

자동변수를 선언하였으나 프로그램에서 한 번도 사용하지 않은 경우에 발생한다.

◈ '****' is assigned a value which is never used

함수에서 자동변수에 대하여 초기화하고 이를 프로그램에서 사용하지 않은 경우에 발생한다.

◈ '***' not part of structure

구조체 멤버가 아닌 것에 . 나 ->를 사용한 경우에 발생한다.

◈ Ambiguous operators need parentheses

연산자들의 연산 우선순위가 불확실한 경우에 발생한다.

◈ Both return and return of a value used

함수에 return문이 하나 이상인 경우나 반환 값의 데이터형이 다른 경우에 발생한다.

◈ Call to function with no prototype

함수의 선언이 없는 경우에 발생한다.

◈ Call to function '***' with no prototype

'***' 함수를 선언하지 않고 사용한 경우이다.

◈ Code has no effect

아무런 결과도 없는 연산자를 갖는 문장을 만난 경우에 발생한다.

◈ Constant is long

long형 변수의 값을 할당할 때 l이나 L을 붙이지 않은 경우이다.

◈ Constant out of range in comparison

서로 다른 자료형의 데이터를 비교할 때 그 범위를 벗어난 경우이다.

◈ Conversion may lose significant digits

데이터의 잘림이 발생한 경우. 예를 들어 long형의 데이터가 int형으로 변환된 경우이다.

◈ Function should return a value

함수의 자료형이 void형이 아닌데도 return문을 사용하지 않은 경우에 발생한다.

◈ Hexadecimal or octal constant too large

문자상수나 문자열 상수에서 사용한 16진이나 8진 확장열의 값이 1바이트를 넘어서는 경우이다.

◈ Mixing pointers to signed and unsigned char

signed char과 unsigned char간에 변환이 발생한 경우로 강제형 변환 연산자를 사용한다.

◈ No declaration for function '***'

선언되지 않은 함수를 사용한 경우이다.

◈ Non-portable pointer assignment

포인터에 포인터 값이 아닌 데이터를 할당한 경우 또는 포인터가 아닌 데이터에 포인터 값을 대입한 경우에 발생한다.

◈ Parameter '***' is never used

함수 내에서 함수 매개변수가 사용되지 않은 경우이다.

◈ Possible use of '***' before definition

자동변수에 값이 할당되지 않았는데 수식에서 사용한 경우이다.

◈ Possibly incorrect assignment

while, do-while, if 등의 조건식에서 비교 연산자 대신 할당 연산자를 사용한 경우이다.

◈ Redefinition of '***' is not identical

매크로를 정의한 후 다시 값이 다르게 재 정의를 한 경우이다.

◈ Restarting compile using assembly

파일의 첫 부분에 다음과 같은 코드가 없는 경우에 tcc로 인라인 어셈블리에 대한 컴파일을 한 경우이다

◈ Structure passed by value

구조체를 값에 의한 호출로 함수에 넘겨준 경우이다.

◈ Superfluous & with function or array

함수명 또는 배열에 번지 연산자를 사용한 경우이다.

◈ Suspicious pointer conversion

어떤 형의 포인터가 그와 다른 포인터형으로 형변환이 발생된 경우이다.

◈ Undefined structure '****'

정의되지 않은 구조체 tag을 사용한 경우이다.

◈ Unknown assembler instruction

어셈블리 코드가 잘못된 경우이다.

◈ Unreachable code

무한 루프에 빠지는 경우이다.

◈ Void functions may not return a value

void함수 내에서 return문이 사용되어 함수값을 되돌린 경우에 발생된다.

◈ Zero length structure

구조체의 크기가 0인 경우이다.

## 3. 라이브러리 함수 종류

C 프로그램은 여러 개의 함수로 구성되며, 함수에는 사용자가 작성한 함수와 컴파일러와 함께 제공되는 함수들이 있다. 컴파일러와 함께 제공되는 함수들을 표준 함수라고 하며 라이브러리로 제공하고 있다.

표준 C 언어에서 정의된 라이브러리 이외에 각 컴파일러의 종류마다 특징적으로 가지고 있는 라이브러리 함수들도 존재하며, 여러 개의 표준 라이브러리 함수를 사용한다.

라이브러리 함수는 크게 문자형에 관한 것, 입출력에 관한 것, 수치 연산에 관한 것, 메모리에 관한 것. 그래픽 처리에 관한 것, 시스템 제어에 관한 것, 화면 제어에 관한 것, 파일입출력에 관한 것 등으로 구분할 수 있다. 라이브러리 함수를 기능에 따라 분류하여 좋은 프로그램을 구사하도록 하자.

#### 라이브러리 함수의 종류

- 그래픽 처리에 관한 함수
- 문자열에 관한 함수
- 수치 연산에 관한 함수
- 화면 제어에 관한 함수
- 메모리에 관한 함수
- 시스템 제어에 관한 함수
- 입출력에 관한 함수
- 파일 입출력에 관한 함수

#### 표준 라이브러리 헤더 파일

| 헤더 파일 | 대 표 적 기 능 |
|---|---|
| assert.h | 프로그램에 진단(diagnostics)메시지를 추가할 때 사용하는 매크로를 정의한다. |
| ctype.h | 문자형을 다루는 여러 가지 함수를 포함하고 있다. |
| float.h | 실수형에 관한 여러 기호 상수들의 정의를 포함한다. |
| limit.h | 정수형에 관한 여러 가지 기호 상수들의 정의를 포함한다. |
| setjmp.h | 정상적인 함수호출과 복귀과정을 통하지 않는 방법을 제공하는 함수를 포함한다. |
| signal.h | 프로그램 수행에 예기치 않는 상황에 대한 방법을 제공한다. |
| stdarg.h | 미확정 매개변수를 갖는 함수를 정의하기 위한 정보를 포함한다. |
| stdio.h | 표준 입출력을 위한 여러 가지 정보를 포함한다. |
| stdlib.h | 수의 변환  기억장소 할당 등에 관한 함수를 포함한다. |
| string.h | 스트링형을 다루는 여러 가지 함수를 포함한다. |
| time.h | 날짜와 시간을 다루는 형과 함수를 제공한다. |
| math.h | 수학적 함수와 매크로를 포함한다. |

## 1) 문자열 라이브러리 함수

문자의 검색 : 아스키 문자들을 인쇄 가능한 문자, 제어 문자, 구두점, 대문자 등으로 분류한다. 문자열 조작 함수들은 ctype.h에 정의되어 있다.

### isalnum()

형식 : int, isalnum(int c);

설명 : 주어진 값이 영숫자(A~Z, a~z, 0~9) 코드인지를 조사하여 영숫자 코드이면 0 이외의 값을 반환한다.

### isalpha()

형식 : int isalpha(int c);

설명 : 주어진 값이 영문자(A~Z, a~z) 코드인지를 조사하여 영문자 코드이면 0 이외의 값 반환한다.

### isascii()

형식 : int isascii(int c);

설명 : 주어진 값이 ASCII코드인지를 조사하여 참이면 0 이외의 값을, 거짓이면 0을 메시지 한다.

### iscntrl()

형식 : int iscntrl(int c);

설명 : 주어진 값이 제어 문자 코드인지를 조사하여 제어 문자 코드이면 0 이외의 값 반환한다.

### sdigiti()

형식 : int isdigit(int c);

설명 : 주어진 값이 숫자인지를 조사하여 숫자이면 0 이외의 값을 반환한다.

### islower()

형식 : int islower(int c);

설명 : 주어진 값이 소문자인지를 조사하여 소문자이면 0 이외의 값을 반환한다.

### isupper()

형식 : int isupper(int c);

설명 : 주어진 값이 대문자인지를 조사하여 대문자이면 0 이외의 값 반환한다.

## 데이터 변환 함수

문자나 문자열을 정수, 실수 등의 수치 값으로 변환시키거나 대문자를 소문자로, 혹은 소문자를 대문자로 변환시킨다. 데이터 변환 함수들은 stdlib.h에 정의되어 있다.

### atof()

형식 : double atof(char *s)

설명 : 인수로 주어지는 문자열을 부동 소수점수로 변환한다. 부동소수점수로 변환할 수 없는 문자열일 경우 0을 반환한다. 오버 플로우 일 때는 ±HUGE_VAL을 반환한다.

### atoi()

형식 : int atoi(char *s);

설명 : 인수로 주어지는 문자열을 정수로 변환한다. 오버플로우에 대한 처리는 없으며 인식되지 않는 문자를 만나면 변환이 중지된다. 변환할 수 없는 경우에는 0을 리턴한다.

### atol()

형식 : long atol(char *s);

설명 : 인수로 주어지는 문자열을 메시지도형 정수로 변환한다. 인식되지 않는 문자를 만나면 변환은 중지되며 변환할 수 없는 경우 0을 반환한다.

## ctype.h에 정의되어 있는 함수

### toascii()

형식 : int toascii(int c);

리턴 : c의 하위 7비트.

설명 : 정수를 문자로 변환한다.

### tolower()

형식 : int tolower(in ch)

리턴 : ch가 대문자인 경우 ch에 해당하는 소문자.

설명 : 주어진 문자가 대문자이면 소문자로 바꾼다.

### toupper()

형식 : int toupper(in ch);

리턴 : ch가 소문자인 경우 ch에 해당하는 대문자.

설명 : 주어진 문자가 소문자이면 대문자로 바꾼다.

## 문자열 조작

문자열을 비교, 복사, 변환, 검색 등의 문자열을 조작하는 함수들이다. 문자열 조작 함수들은 string.h에 정의되어 있다. 일부 메모리에서 string을 처리하는 함수들은 mem.h도 포함(include) 해야 한다.

### strcat()

형식 : char *strcat(s1, s2);

```
char *s1;        /* 문자열 */
char *s2;        /* s1에 추가될 문자열 */
```

리턴 : 하나로 메시지 된 문자열의 포인터.

설명 : 두 문자열을 메시지 시켜 하나의 문자열로 만든다.

### strcmp()

형식 : int strcmp(char *s1, char *s2);

리턴 : s1 < s2 이면 음수.

s1 > s2 이면 양수.

s1 = s2 이면 0.

### strcpy()

형식 : char *strcpy(s1, s2);

```
char *s1;        /* 문자열을 받을 변수 */
char *s2;        /* s1에 넘겨줄 문자열 */
```

리턴 : s1에 s2의 내용이 복사되어진다.

설명 : 문자열을 복사한다.

### stricmp()

형식 : int stricmp(char *s1, char s2);

리턴 : s1 < s2 이면 음수.

s2 > s2 이면 양수.

s1 = s2 이면 0.

설명 : 인수로 주어진 두 개의 문자열을 대·소문자 구별없이 비교한다. 두 문자열이 같으면 0을 리턴 한다. 주어진 문자열에서 처음으로 다른 문자가 나타나면 실행을 중지한다.

### strlen()

형식 : int strlen(char *s)

리턴 : 문자열 s의 길이

설명 : NULL문자를 제외한 s의 길이를 구한다.

### strlwr()

형식 : char *strlwr(char *s);

설명 : 문자열 s를 조사하여 대문자는 소문자로 바꾼다.

### strncpy()

형식 : char *strncpy(char *s1, char *s2, int n);

```
char *s1;        /* 문자열을 받을 변수 */
char *s2;        /* s1에 넘겨줄 문자열 */
int n;           /* 복사할 문자의 개수 */
```

설명 : s1에 s2의 내용 중 n 바이트가 복사되어진다.

### strpbrk()

형식 : char *strpbrk(s1, s2);

```
char *s1;        /* 조사할 문자열 */
char *s2;        /* 검색할 문자들의 집합 */
```

리턴 : s1에서 s2에 있는 문자가 나타나면 그 문자의 포인터를 반환한다. 발견되지 않으면 NULL을 반환한다.

설명 : s2로 주어진 문자 집합 중의 문자가 s1에 최초로 나타나는 위치를 찾는다.

### strspn()

형식 : char *strstr(s1, s2);

```
char *s1;        /* 검색 문자열 */
char *s2;        /* 찾는 문자열 */
```

리턴 : 발견된 경우 해당 문자의 포인터가, 발견되지 않은 경우 NULL.

설명 : 문자열 s1 속에 s2를 찾아 그 위치를 리턴 한다.

mem.h와 string.h를 include해야 한다.

### memchr()

형식 : void *memchr(void *s, int c, int i);

void *s; /* 검색할 메모리 블록의 선두 번지 */

int c; /* 검색할 문자 */

int i; /* 검색할 최대 길이 */

설명 : 문자열 s의 i 바이트 이내에서 문자 c를 찾는다. c가 처음으로 나타난 위치를 반환하고 c가 나타나지 않은 경우 NULL을 반환한다.

### memcmp()

형식 : int memcmp(s1, s2, n)

void *s1, *s2; /* 비교할 메모리 영역의 선두 */

int n; /* 정수 */

리턴 : s1 < s2 이면 음수, s1 > s2 이면 양수, s1 = s2 이면 0.

설명 : 두 메모리 영역 s1, s2를 n 바이트로 비교한다.

### memcpy()

형식 : int memcpy(s1, s2, i)

void *s1, *s2; /* 메모리 영역의 선두 */

int i; /* 정수 */

기능 : 메모리 영역 s2의 최초 i바이트를 s1에 복사한다.

### memset()

형식 : void *memset(s, i, n);

void *s; /* 메모리 블록의 위치를 나타내는 포인터 */

int i; /* 써넣을 문자 */ int n; /* 바이트 수 */

설명 : 메모리 블록의 s로부터 n 바이트를 문자 i로 치환한다.

## 2) 입출력 라이브러리 함수

### 파일입출력

stdio.h에 정의되어 있다.

#### ferror()

형식 : int ferror(FILE *stream)

리턴 : stream파일에 에러가 있으면 0 이외의 값을 리턴 한다.

설명 : 파일의 error를 조사한다.

#### fflush()

형식 : int fflush(FILE *stream)

리턴 : 정상적인 종료시 0을 리턴하고 그 이외에는 EOF를 리턴 한다.

설명 : 현재 버퍼에 들어 있는 모든 내용을 처분한다.

#### filelength()

형식 : #include <io.h>

long filelength(int *handle)

리턴 : 파일핸들의 길이를 반환한다. 에러인 경우는 −1을 리턴.

설명 : handle로 지정한 파일의 바이트 수를 나타낸다.

#### fprintf()

형식 : int fprintf(stream, format [, arg1[, arg2,,, ]]);

```
FILE *stream;     /* 파일포인터 */
char *format;     /* 포맷 문자열 */
                  /* arg1, arg2,,, = 출력 항목 */
```

리턴 : 출력한 문자의 개수. 에러 발생시 EOF 리턴.

설명 : 포맷에 의해 파일로 출력한다. 서식 제어는 printf와 같다.

#### fread()

형식 : int fread(ptr, size, n, stream);

```
void *ptr;        /* 읽어들인 내용을 저장하는 버퍼 */
int size;         /* 데이터 블록의 바이트 수 */
```

int n;　　　　/* 읽어들일 블록의 수 */

FILE *stream;　　　　/* 파일포인터 */

리턴 : 읽어들인 블럭의 수를 리턴.

설명 : 파일에서 size * n 바이트를 읽어 들인다.

### fseek()

형식 : int fsek(FILE *stream, long int offset, int whence)

FILE *stream;　　　　/* 파일포인터 */

long offset;　　　　/* 새로운 위치까지의 바이트 수 */

int whence;　　　　/* offset 시작점 */

/* SEEK_SET : 파일의 선두 */

/* SEEK_CUR : 파일의 현재 위치 */

/* SEEK_END : 파일의 끝 */

리턴 : 정상인 경우 0리턴.

설명 : 파일포인터의 위치를 whence로 지정한 위치로부터 offset만큼 이동시킨다.

### ftell()

형식 : long ftell(FILL *stream)

리턴 : 파일선두로부터 현재의 파일포인터까지의 바이트 수. 에러가 있으면 −1L 값을 리턴한다.

설명 : 파일포인터의 위치를 조사한다. ftell의 반환 값은 fseek에서 사용할 수 있다.

### fwrite()

형식 : int fwrite(ptr, size, n, stream);

void *ptr;　　　　/* write할 내용이 저장되어있는 버퍼 */

Int size;　　　　/* 데이터 블록의 바이트 수 */

int n;　　　　/* 읽어들일 블록의 수 */

FILE *stream;　　　　/* 파일포인터 */

리턴 : write한 문자의 수를 리턴.

설명 : 파일에 n 바이트를 write한다.

conio.h나 stdio.h에 정의되어 있다.

### cgets()

형식 : #include <conio.h>

```
char *cgets(char *s)
char *s;          /* 받아들인 문자열을 저장할 변수 */
                  /* s[0]에는 읽을 문자열의 최대 길이를 미리 세트해 놓는다. */
                  /* s[1]에는 읽은 문자가 세트된다. */
```

리턴 : 받아들인 문자열의 선두 번지.

설명 : 콘솔로부터 시작 문자, LF 또는 최대 길이 이상의 문자열이 입력될 때까지 문자열을 읽어들인다.

### cscanf()

형식 : #include <conio.h>

```
int cscanf(char *format, arg1 [, arg2,,, ]);
                  /* *format : 포맷 문자열 */
                  /* arg1, arg2 : 데이터가 저장되어 있는 포인터 */
```

리턴 : 입력된 항목의 개수.

설명 : 포맷 문자열을 콘솔로부터 읽어 들인다.

### cprintf()

형식 : #include <conio.h>

```
int cprintf*char *format, arg2, arg2,,, );
/* char *format : 포맷 문자열,  arg1, arg2 : 인수 리스트 */
```

리턴 : 출력한 문자의 수.

설명 : 콘솔(console)에 포맷에 의한 출력을 한다.

### cputs()

형식 : #include <conio.h>

```
int cputs(char *s);          /* s : 출력할 문자열 */
```

리턴 : 마지막으로 출력한 문자.

설명 : 콘솔에 문자열 s를 출력한다.

### kbhit()

형식 : #include <conio.h>

int kbhit();

리턴 : 문자가 입력되어 있으면 0 이외의 값을 반환한다.

설명 : 키보드가 눌렸는지를 감지한다.

## 저수준 파일입출력

io.h에 정의되어 있다.

### read()

형식 : int read9handle, buffer, length);

```
int      handle;        /* 파일핸들러 번호 */
void     *buffer;       /* 읽은 문자를 저장할 버퍼 */
unsigned length;        /* 읽을 문자열의 길이 */
```

리턴 : 읽은 문자의 바이트 수. EOF의 경우 0을, 에러인 경우 -1을 리턴.

설명 : 파일에서 buffer로 length 만큼의 문자를 읽어들인다.

### write()

형식 : int write(handle, buffer, length);

```
int      bandle;        /* 파일핸들러 번호 */
void     *buffer;       /* 써넣을 문자가 있는 버퍼 */
unsigned length;        /* 써넣을 문자열의 길이 */
```

리턴 : 읽은 문자의 바이트 수. 에러인 경우 -1을 리턴.

설명 : 파일로 buffer에 있는 문자를 length만큼 써넣는다.

### creat()

형식 : #include <sys\stat.h>

```
#include <io.h>
int creat(char *name, int mode);
char *name;      /* 생성할 파일이름 */
int   mode;      /* 파일의 액세스 모드 */
/* S_IWRITW 쓰기 가능, S_IREAD  읽기 가능 */
```

/* S_READ | S_IWRITW 읽기/쓰기 가능 */

리턴 : 새롭게 작성한 파일의 파일핸들을 리턴, 에러인 경우 −1 리턴.

설명 : 신규 파일을 작성한다.

## 3) 수치 연산 라이브러리 함수

### 산술 연산 라이브러리 함수

stdlib.h에 정의되어 있다.

#### abs()

형식 : #include <math.h>

#include <stdlib.h>

int abs(int x)

설명 : 정수의 절대값을 구한다.

#### div()

형식 : struct div_t div(numer, denom)

```
int unmer;        /* 분자 */
int denom;        /* 분모 */
                  /* div_t의 형식 */
typedef struct {
int quot;         /* 몫 */
int rem;          /* 나머지 */
} div_t;
```

리턴 : 몫과 나머지로 이루어진 구조체 div_t를 리턴.

설명 : numer / denoom을 계산하여 그 몫과 나머지를 반환한다.

#### labs()

형식 : #include <math.h>

#include <stdlib.h>

long int labs(long int x)

리턴 : x의 절대값

설명 : 메시지 정수의 절대값을 구한다.

### rand()

형식 : int rand()

리턴 : 난수의 값.

설명 : 0~215±1사이의 난수를 구한다.

### random()

형식 : int random(int num)

설명 : 0~num사이의 난수를 발생한다.

### randomize()

형식 : #include <stdlib.h>

#include <time.h>

void randomize();

설명 : 시간 함수 time를 호출하여 난수 발생기를 초기화한다.

### srand()

형식 : void srand(unsigned seed)

seed : 초기화에 쓰이는 값.

설명 : 난수 발생기를 seek로 초기화한다.

## math.h에 정의되어 있는 함수

### ceil()

형식 : double ceil(double x);

설명 : 부동 소수점수 x의 소수점 이하를 반올림한다.

### cos()

형식 : double cos(double x);

설명 : 라디안 값 x에 해당하는 코사인 값이 구해진다.

### cosh()

형식 : double cosh(double x);

설명 : x의 하이퍼브릭 코사인 값이 구해진다.

### exp()

형식 : double exp(double x);

설명 : 지수함수 ex를 구한다. 오버플로우시 HUGE_VAL을 리턴하고 아주 작은 값일 때는 0.0이 리턴 된다.

### fabs()

형식 : double fabs(double x);

설명 : 부동 소수점수 x의 절대값을 구한다.

### fmod()

형식 : double fmod(double x, double y);

설명 : x를 y로 나눈 나머지를 구한다.

### frexp()

형식 : double frexp(doublex, int *exponent);

리턴 : x의 가수부를 리턴하고 지수부는 exponent에 저장한다.

설명 : 배정도형 수치를 지수부와 가수부로 나눈다.

### log()

형식 : double log(double x);

설명 : log x의 자연 대수를 구한다.

### log10()

형식 : double log10(double x);

설명 : log x의 상용 대수를 구한다.

### poly()

형식 : double poly(double x, int degree, double coeff[]);

```
double x;        /* 변수 x의 값 */
int degree;      /* 계산할 식의 차원 */
double coeff[];  /* 계수의 배열 */
```

리턴 : 주어진 x로 계산한 다항식의 값을 반환한다.

설명 : 다항식을 만든다.

### pow()

형식 : double pow(double x, double y);

설명 : x의 y제곱을 구하며, 결과값이 오버플로우되면 HUGE_VAL 값이 반환된다.

### pow10()

형식 : double pow10(int p);

설명 : 10의 p제곱(10p)을 구한다.

### sin()

형식 : double sin(double x)

double x; /* 라디안 값 */

기능 : x의 사인값을 구한다.

### sqrt()

형식 : double sqrt(double x);

설명 : x의 양의 제곱근을 구한다.

### tan()

형식 : double tan(double x);

double x; /* 라디안 값 */

설명 : x의 탄젠트 값을 구한다.

## 4) 메모리 라이브러리 함수

### alloc.h나 dos.h에 정의되어 있는 함수

### allocmem()

형식 : #include <dos.h>

int allocmem(unsigned size, unsigned *segp);

unsigned size;　/* size * 2 바이트의 메모리가 확보됨. */

unsigned segp;　/* 확보할 세그먼트 번지에 대한 포인터 */

리턴 : 정상인 경우 −1 리턴. 에러가 발생하면 가장 큰 취득 가능한 word만큼 반환한다.

설명 : size * 2 바이트 크기의 DOS 메모리를 확보한다.

### calloc()

형식 : #include <stdlib.h>

#include <alloc.h>

void *calloc(int num, int size);

int num;　/* 할당할 메모리 블록의 개수 */

int size;　/* 할당할 메모리 블록의 크기 */

리턴 : 확보된 영역을 가리키는 포인터.

설명 : 연속된 메모리를 지정된 크기만큼 확보한다. size 바이트만큼의 메모리 블록을 연속해서 num개만큼 확보한다. 확보한 영역은 0으로 초기화한다.

## allc.h와 stdlib.h를 include해야 하는 함수

### free()

형식 : #include <stdlib.h>

#include <alloc.h>

void free(void *block);

void block;　/*가용 영역으로 해제하고자 하는 메모리 블록의 번지/

설명 : 확보된 메모리 블록을 해제한다.

### malloc()

형식 : #include <stdlib.h>

#include <alloc.h>

void *malloc(int size);

int size;　/* 확보하고자 하는 메모리의 바이트 수 */

리턴 : 확보한 메모리의 시작 번지. 에러인 경우 NULL리턴.

설명 : size로 지정한 바이트 크기의 메모리를 확보한다.

### realloc()

형식 : #include <stdlib.h>

```
#include <alloc.h>
void *realloc(void *oldblock, int size);
void *oldblock;          /* 이미 확보된 메모리의 포인터 */
int size;                /* 새로 확보할 블록의 크기 */
```

리턴 : 재 확보된 메모리 블록의 포인터. 에러인 경우 NULL.

설명 : 이미 확보되어 있는 메모리 블록의 크기를 size로 변경한다. oldblock에 있던 데이터는 새로 확보된 블록에 남아 있다.

## 5) 화면 제어 라이브러리 함수

### conio.h에 정의되어 있는 함수

### clreol()

형식 : void clreol();

설명 : 텍스트 모드에서 커서의 현재 이치에서 행 끝까지 지운다.

### clrscr()

형식 : void clrscr();

설명 : 텍스트 모드에서 현재 사용 중인 윈도우를 지우고 커서를 왼쪽 상단으로 이동시킨다.

### gettext()

형식 : int gettext(left, top, right, botton, dest);

```
int left;          /* 화면 왼쪽 끝 */
int top;           /* 화면의 상단 */
int right;         /* 화면의 오른쪽 끝 */
int bottom;        /* 화면의 하단 */
void *dest;        /* 읽은 문자열을 저장할 변수 */
```

리턴 : 성공시 1. 실패시 0.

설명 : 역으로 지정된 텍스트 화면의 내용을 dest로 읽어들인다.

### gotoxy()

형식 : void gotoxy(int x, int y);

설명 : 커서를 지정하는 곳으로 이동하며, 화면의 첫 좌표는 (1, 1)이고 범위를 넘으면 무시된다.

### movetext()

형식 : void movetext(left, top, right, bottom, destleft, desttop);

```
int left;         /* 영역의 왼쪽 */
int top;          /* 영역의 상단 */
int right;        /* 영역의 오른쪽 */
int bottom;       /* 영역의 하단 */
int destleft;     /* 전송 영역이 왼쪽 */
int desttop;      /* 전송 영역의 오른쪽 */
```

리턴 : 성공하면 0 리턴, 에러 발생하면 0 리턴.

설명 : 영역(left, top), (right, bottom)에 나타난 텍스트의 내용을 위치(destleft, desttop)에 전송한다.

### textbackground()

형식 : void textbackground(int color);

```
int color;        /* 배경색 */
```

참고 : 배경색

| 수치값 | 상 수 |
|---|---|
| 0 | BLACK |
| 1 | BLUE |
| 2 | GREEN |
| 3 | CYAN |
| 4 | RED |
| 5 | MAGENTA |
| 6 | BROWN |

설명 : 배경색을 결정한다.

### textcolor()

형식 : void textcolor(int color);

설명 : 이 함수를 수행한 이후에 출력되는 문자들의 색을 설정한다.
색은 textattr()함수의 경우와 같다.

### wherex()

형식 : int wherex();

리턴 : x좌표의 값

설명 : 현재 활성 중인 텍스트 윈도우 내의 x좌표를 얻는다.

### wherey()

형식 : int wherey();

리턴 : x좌표의 값.

설명 : 현재 활성중인 텍스트 윈도우 내의 y좌표를 얻는다.

### window()

형식 : int window(int left, int top, int right, int bottom);

설명 : 화면상의 지정된 구역에 텍스트 윈도우를 설정한다. full screen 윈도우는 80열 모드에서 왼쪽 위는 (1, 1) 이고, 오른쪽 아래는 (80, 25) 이다.

## 6) 그래픽 라이브러리 함수

그래픽 함수들은 graphics.h에 정의되어 있다.

### arc()

형식 : void far arc(x, y, sangle, eangle, radius);

```
int x;          /* 원호 중심의 x좌표 */
int y;          /* 원호 중심의 y좌표 */
int sangle;     /* 개시각(start angle) */
int eangle;     /* 종료각(end angle) */
int radius;     /* 원호의 반지름 */
```

설명 : 좌표(x, y)를 중심으로 반지름이 radius이고 개시 각부터 종료각까지의 원호를 그린다.

### bar()

형식 :

```
#include <conio.h>
#include <graphics.h>
void far bar(int left, int top, int right, int bottom);
```

설명 : 현재의 색상과 채색으로 2 차원 직사각형을 그린다.

### bar3d()

형식 : void far bar3d(left, top, right, bottom, depth, topflag);

```
int left, top, right, bottom; /* 막대의 영역 */
int depth;                    /* 막대의 앞쪽에서 뒤까지의 두께 */
                              /* (픽셀 단위로 한다.) */
int topflag;                  /* 막대의 윗면 표시 플래그 */
                              /* 0이면 윗면을 그리지 않는다. */
```

설명 : 3차원 막대를 그린다. 현재의 선 모양과 채색 패턴으로 그린다.

### circle()

형식 : void far circle(x, y, radius);

설명 : 좌표(x, y)를 중심으로 반지름이 radius인 원을 그린다.

### closegraph()

형식 : void far closegraph();

설명 : 하드웨어 시스템을 조사하여 적절한 그래픽 드라이버를 설정한다. 그래픽 드라이버를 자동 검출하려면 *graphdriver = DETECT 라고 한다.

### getbkcolor()

형식 : int far getbkcolor();

리턴 : 현재의 배경색

설명 : 현재의 배경색을 알아낸다.

### getcolor()

형식 : int far getcolor();

리턴 : 현재의 그림색

설명 : 현재의 그림색을 반환한다.

### getdrivername()

형식 : char *far getdrivername();

리턴 : 그래픽 드라이버 이름을 리턴.

설명 : 현재의 그래픽 드라이버 이름을 구한다.

### getgraphmode()

형식 : int far getgarphmode();

설명 : initgraph와 setgraphmode에 의해 설정된 그래픽 모드를 반환한다.

### getimage()

형식 : void far getimage(left, top, right, bottom, bitmap);

```
int left, top, right, bottom; /* 화면의 영역 */
void far *bottom;             /* 화면의 이미지를 저장하는 영역 */
```

설명 : 화면의 지정된 영역을 읽어 bitmap이 가리키는 메모리에 저장한다.

### getpixel()

형식 : unsigned far getpixel(x, y);

```
int x, y;          /* 화면에서의 픽셀의 좌표 */
```

설명 : 지정된 픽셀의 색을 얻는다.

### getx()

형식 : int far getx();

설명 : 그래픽 모드에서 현재의 x좌표를 읽는다.

### gety()

형식 : int far gety();

설명 : 그래픽 모드에서 현재의 y좌표를 읽는다.

### imagesize()

형식 : unsigned far imagesize(left, top, right, bottom);

```
int left, top, right, bottom;          /* 화면의 영역 */
```

설명 : 주어진 영역을 저장하는데 필요한 바이트 수. 할당받을 수 있는 최대의 수는 0xFFF 이다.

설명 : 화면의 이미지를 저장하는 데 필요한 메모리의 크기.

### initgraph()

형식 : void far initgraph(graphdriver, graphmode, pathtodriver);

```
int far *graphdriver;     /* 그래픽 드라이버의 종류 */
int far *graphmode;       /* 그래픽 모드 번호 */
```

char far *pathtodriver;  /* 드라이버 파일을 찾을 경로명 */

리턴 : *graphdriver = −2 이면 그래픽 카드를 검출 실패
−3 드라이버 파일발견 실패
−4 드라이버가 맞지 않음
−5 드라이버를 적재할 메모리 부족
0 성공.

설명 : 그래픽 모드로 시스템을 초기화한다.

### line()

형식 : void far line(x1, y1, x2, y2);
int x1, y1;  /* 시작점의 좌표 */
int x2, y2;  /* 끝점의 좌표 */

설명 : (x1, y1)에서 (x2, y2)가지 직선을 긋는다.

### lineto()

형식 : void far lineto(int x, int y);

설명 : 현재의 위치에서 (x, y)까지 직선을 긋고, 현재의 포인트를 (x, y)로 이동시킨다.

### moverel()

형식 : void far moverel(int x, int y);

설명 : 현재의 위치를(x1, y1)이라고 할 때 *(x1+x, y1+y)로 포인터를 재위치 시킨다.

### moveto()

형식 : void far moveto(int x, int y);

설명 : 현재의 포인터를 (x, y)로 옮긴다.

### outtext()

형식 : void far outtext(char far *textstring);

설명 : 텍스트 문자열 textstring을 뷰포트에 표시한다.

### putimage()

형식 : void far putimage(left, top, bimap, mode);
int left;  /* 그림이 위치할 영역의 왼쪽 끝 */
int top;  /* 그림이 위치할 영역의 상단 */
void far *bimap;  /* 이미지가 있는 영역이 주소 */

int mode;　　　　　　　/* 그리기 모드 */

참고 : 그리기 모드

| mode | 상수 | 그리기 내용 |
|---|---|---|
| COPY_PUT | 0 | 복 사 |
| XOR_PUT | 1 | exclusive or |
| OR_PUT | 2 | or |
| AND_PUT | 3 | and |

설명 : getimage로 읽은 vit image를 (left, top) 위치부터 주어진 mode로 그린다.

## rectangle()

형식 : void far rectangle(left, toop, right, bottom);

int left, top, right, bottom;

/* 사각형의 왼쪽 위 꼭지점과 오른쪽 아래 꼭지점 */

설명 : (left, top)을 왼쪽 위 모서리로 하고, (right, bottom)를 오른쪽 아래로 하여 직사각형을 그린다.

## sector()

형식 : int far sector(x, y, sangle, eangle, xradius, yradius);

```
int x;          /* 부채꼴 x축 중심 좌표 x */
int y;          /* 부채꼴 y축 중심 좌표 y */
int sangle;     /* 개시각 */
int eangle;     /* 종료각 */
int xradius;    /* x 방향 반지름 */
int yradius;    /* y 방향 반지름 */
```

설명 : 좌표 (x, y)를 중심으로 주어진 형식의 타원 부채꼴을 그린다.

## setcolor()

형식 : void far setcolor(int color);

설명 : or로 지정된 색을 현행 그림의 색으로 설정한다.

(0 <= color <= getmaxcolor())

## setgraphmode()

형식 : void far setgraphmode(int mode);

리턴 : mode가 현재의 드라이버에 맞지 않으면 −10의 값을 리턴.

설명 : 시스템을 그래픽 모드로 세팅함.

화면은 클리어하고 모든 환경은 디폴트값을 갖는다.

### setvisualpage()

형식 : void far esrvisualpage(int page);

설명 : page로 지정하는 그래픽 페이지가 활성화된다.

## 7) 시스템 제어 라이브러리 함수

dos.h에 정의되어 있다.

### delay()

형식 : void delay(milliseconds);

설명 : 지정한 시간(1/1000 초) 만큼 프로그램을 정지시킨다.

### disable()

형식 : void disable();

설명 : 인터럽트를 금지시킨다.

### enable()

형식 : vble();

설명 : disable();로 금지한 인터럽트를 허가한다.

### freemem()

형식 : int freemem(unsigned segx);

리턴 : 정상 종료인 경우 0을. 에러인 경우 −1을 리턴.

설명 : allocmem으로 할당받은 메모리 블록을 해제한다.

### inport()

형식 : int inport(int portid);

int portid; /* 포트 번호 */

리턴 : 주어진 포트 번호로부터 읽혀진 값.

설명 : 입력포트로부터 한 워드를 읽는다.

### inportb()

형식 : unsigned char inportb(int portid);

int portid;　　/* 하드웨어 포트 번호 */

설명 : 하드웨어 포트로부터 한 바이트를 읽는다.

### setvect()

형식 : void setvect(int interruptno, void interrupt(*isr)());

int interruptno;　　/* 인터럽트의 번호 */

void interrupt(*isr)();　　/* 인터럽트 처리 함수 */

설명 : 지정한 인터럽트 벡터에 인터럽트 처리 함수를 설정한다.

### sleep()

형식 : void sleep(unsigned sec);

설명 : 지정한 sec 동안 실행을 정지한다.

### sound()

형식 : unsigned int sound(unsigned freequency)

리턴 : 이전에 설정되었던 주파수 값.

설명 : frequency * 2의 사이클을 갖는 주파수를 설정한다.

## 8) 기타 라이브러리 함수

dir.h에 정의되어 있는 디렉토리 제어 루틴이다.

### chdir()

형식 : int chdir(char *path);

리턴 : 성공이면 0을 리턴하고, 실패하면 −1 리턴.

설명 : path가 지정하는 곳으로 현재의 디렉토리를 변경한다.

### findfirst()

형식 : int findfirst(pathname, ffblk, attrib);

char *pathname;　　/* 검색할 파일이름 */

struct ffblk *ffblk;　/* 디렉토리 엔트리를 저장하는 구조체 버퍼 */

int attrib;　　　　　/* 찾는 파일의 속성 */

파일의 속성

| attrib | 의　미 |
|---|---|
| FA_RDONLY | 읽기 전용 파일 |
| FA_HIDDEN | hidden 파일 |
| FA_SYSTEM | 시스템 파일 |
| FA_LABEL | 레이블 |
| FA_DIREC | 디렉토리 |

기능 : 디렉토리 파일을 검색한다. pathname에는 드라이브 이름이나 경로를 지정할 수 있으며, 와일드 카드를 사용할 수도 있다.

## getcurdir()

형식 : int getcurdir(drive, buff);

```
int drive;          /* 드라이브 번호 */
                    /* 0 : 현재의 드라이브, 1:A, 2:B, 3:C, . */
char *buff;         /* 디렉토리의 이름이 저장될 버퍼 */
```

리턴 : 정상인 경우 0, 비정상인 경우 −1 리턴.

설명 : 지정한 드라이브의 현재 디렉토리를 얻는다.

## getdisk()

형식 : int getdisk();

리턴 : 현재의 드라이브 번호.

설명 : 현재의 드라이브 번호를 얻는다.

## mdir()

형식 : int mkdir(path); char *path　　　/* 작성할 디렉토리 이름 */

리턴 : 성공시 0, 에러 발생시 −1 반환.

설명 : path로 지정한 디렉토리를 생성한다.

## rmdir()

형식 : int rmdir(char *pathname);

리턴 : 정상 종료시 0리턴. 에러인 경우 −1 리턴.

설명 : pathname으로 지정된 디렉토리를 삭제한다.

### serchpath()

형식 : char *searchpath(file); char *file; /* 찾을 파일의 이름 */

리턴 : 파일의 경로 이름을 나타내는 문자열의 포인터.
발견되지 않은 경우 NULL.

설명 : 지정하는 파일이 존재하는 경로를 찾는다.

### setdisk()

형식 : int setdisk(dirve);
int drive; /* 0 : 드라이브 A */
/* 1 : 드라이브 B */
/* 2 : 드라이브 C */

설명 : 현재의 드라이브를 drive로 지정한다.

## process.h의 프로세스 제어 함수

### abort()

형식 : 3include <stdlib.h>
#include <process.h>
void abort();

설명 : 콘솔에 비정상 종료 메시지 "abnormal program termination"를 출력하고 _exit(3)을 실행하여 프로그램을 중단시킴.

### exit()

형식 : #include <process.h>
#include <stdlib.h>
void exit(int status); /* status가 0이면 정상적인 종료 */

설명 : 프로그램을 종료시킨다.

### system()

형식 : #include <process.h>
#include <stdlib.h>
int system(char *command); /* command :실행할 dos 커맨드 */

리턴 : 정상 종료시 0, 에러인 경우 −1 리턴.

설명 : 프로그램 수행 중 DOS 명령어나 배치 파일을 수행한다.

# 쉽게 배우는 C언어

초판1쇄 발행 2009년 2월 25일
초판5쇄 발행 2018년 8월 25일

저　　자 김창화 · 김중곤 · 신경철 · 함창현
펴 낸 이 임 순 재
펴 낸 곳 (주)한올출판사
등　　록 제11-403호
주　　소 서울시 마포구 모래내로 83(성산동, 한올빌딩 3층)
전　　화 (02)376-4298(대표)
팩　　스 (02)302-8073
홈페이지 www.hanol.co.kr
e-메일 hanol@hanol.co.kr
ISBN 979-89-8325-534-1
정　　가 16,000원